GW01367661

CAXTON
SPANISH
PHRASEBOOK

CAXTON EDITIONS

First published in Great Britain by
CAXTON EDITIONS
an imprint of
the Caxton Book Company Ltd
16 Connaught Street
Marble Arch
London W2 2AF

This edition copyright
© 1999 CAXTON EDITIONS

Prepared and designed
for Caxton Editions by
Superlaunch Limited
PO Box 207
Abingdon
Oxfordshire OX13 6TA

Consultant editors
Alberto Corsín Jimenez and
M. Dolores Lledó Barrena

All rights reserved. No part of this publication
may be reproduced, stored in a retrieval system,
or transmitted in any form or by any means,
electronic, mechanical, photocopying, recording
or otherwise, without the prior permission in writing
of the copyright holder.

ISBN 1 84067 065 7

A copy of the CIP data for this book is available from
the British Library upon request

Printed and bound in India

SUMMARY CONTENTS

Know before you go
5

Travel
34

Accommodation
101

Banking and Shopping
125

Emergencies
158

Food and Entertainment
172

Further information
231

Where to find
237

PHONETICS AND PRONUNCIATION

Pronunciation is given in *italic type* and these phonetic spellings. They give a broad outline only, which will be easy to remember. Hyphens show syllables but should be ignored when speaking. The stressed syllable in a word is in bold type.

Vowels
a   long, as in b*a*d, f*a*ther
ay as in g*a*te
e   short, as in b*e*t
ee long, as in s*ee*
i   as in b*i*t
o   short, as in h*o*t
oo long, as in p*oo*l
u   is pronounced as *w*

Consonants
c   (before e and i) sounds as *th* in *th*ank
h   is not pronounced
j   is aspirated, as in English *h*at
ñ   sounds as *ny* in ca*ny*on
v   sounds as *b* in English
z   sounds as *th* in *th*ank
y   as in *y*acht

Days and dates

Monday, Tuesday, Wednesday
lunes, martes, miércoles
loo-nes, mar-tes, mee-air-ko-les

Thursday, Friday, Saturday
jueves, viernes, sábado
hwe-bes, bee-air-nes, sa-ba-do

Sunday, public holiday, day off
domingo, festivo, día libre
do-meen-go, fes-tee-bo, dee-a lee-bray

January, February, March, April
enero, febrero, marzo, abril
e-nair-o, fe-brair-o, mar-tho, a-breel

May, June, July, August
mayo, junio, julio, agosto
my-o, hoo-nee-o, a-go-sto

September, October, November
septiembre, octubre, noviembre
se-tee-em-bray, ok-too-bray, nob-yem-bray

December
diciembre
deeth-yem-bray

DAYS AND DATES

today, tonight
hoy, esta noche
o-ee, es-ta no-chay

tomorrow
mañana
man-ya-na

afternoon
tarde
tar-day

yesterday (morning)
ayer (por la mañana)
a-yair (por la man-ya-na)

(next) week
(próxima) semana
(prok-see-ma) se-ma-na

(last) month
mes (pasado)
mes (pa-sa-da)

a year ago
hace un año
a-thay oon an-yo

CALENDAR DATES

1st, 2nd, 3rd
primero, segundo, tercero
*pree-**mair**-o, se-**goon**-do, tair-**thair**-o*

4th, 5th, 6th
cuarto, quinto, sexto
***kwar**-to, **keen**-to, **seks**-to*

7th, 8th, 9th, 10th
séptimo, octavo, noveno, décimo
***saip**-tee-mo, ok-**ta**-bo, no-**be**-no, **de**-thee-mo*

11th, 12th
undécimo, duodécimo
*oon-**de**-thee-mo, dwo-**de**-thee-mo*

13th, 14th
decimotercero, decimocuarto
*de-thee-mo-tair-**thair**-o, de-thee-mo-**kwar**-to*

15th, 16th
decimoquinto, decimosexto
*de-thee-mo-**keen**-to, de-thee-mo-**seks**-to*

17th, 18th
decimoséptimo, decimoctavo
*de-thee-mo-**saip**-tee-mo, de-thee-mok-**ta**-bo*

CALENDAR DATES

19th, 20th
decimonoveno, vigésimo
*de-thee-mo-no-**be**-no, bee-**khe**-see-mo*

21st, 30th
vigésimo primero, trigésimo
*bee-**khe**-see-mo pree-**mair**-o, tri-**khe**-see-mo*

100th
centésimo
*then-**tay**-see-mo*

0, 1, 2, 3, 4, 5
cero, uno, dos, tres, cuatro, cinco
***the**-ro, **oo**-no, dos, tres, **kwa**-tro, **theen**-ko*

6, 7, 8, 9, 10
seis, siete, ocho, nueve, diez
*says, see-**e**-tay, **o**-cho, **nwe**-bay, **dee**-eth*

11, 12, 13
once, doce, trece
***on**-thay, **do**-thay, **tre**-thay*

14, 15, 16
catorce, quince, dieciséis
*ka-**tor**-thay, **keen**-thay, dee-eth-ee-**says***

CALENDAR DATES

17, 18
diecisiete, dieciocho
*dee-eth-ee-see-**e**-tay, dee-eth-ee-**o**-cho*

19, 20
diecinueve, veinte
*dee-eth-ee-**nwe**-bay, **bain**-tay*

21, 22, 23
veintiuno, veintidós, veintitrés
*bain-tee-**oo**-no, bain-tee-**dos**, bain-tee-**tres***

24, 25
veinticuatro, veinticinco
*bain-tee-**kwa**-tro, bain-tee-**theen**-ko*

26, 27
veintiséis, veintisiete
*bain-tee-**says**, bain-tee-see-**e**-tay*

28, 29
veintiocho, veintinueve
*bain-tee-**o**-cho, bain-tee-**nwe**-bay*

30, 31
treinta, treintaiuno
***trayn**-ta, trayn-tay-**oo**-no*

OTHER NUMBERS

40, 50
cuarenta, cincuenta
*kwa-**ren**-ta, theen-kuen-ta*

60, 70
sesenta, setenta
*se-**sen**-ta, se-**ten**-ta*

75, 80
setenta y cinco, ochenta
*se-**ten**-ta ee **theen**-ko, o-**chen**-ta*

90, 100
noventa, cien
*no-ben-ta, thee-**en***

180, 200
ciento ocho, doscientos / doscientas
*thee-**en**-to **o**-cho, dos-thee-**en**-tos / dos-thee-**en**-tas*

500, 1.000
quinientos / quinientas, mil
*kee-nee-**en**-tos / kee-nee-**en**-tas, meel*

10.000, 1.000.000
diez mil, un millón
*dee-**eth** meel, oon meel-**yon***

Public Holidays

January 1, New Year's Day
Año Nuevo
*an-yo **nway**-bo*

January 6, Epiphany
Día de Reyes
***dee**-a day **ray**-es*

March 19, St Joseph's Day
San José
*san ho-**say***

Easter
Semana Santa
*say-**ma**-na **san**-ta*

Holy Thursday (April)
Jueves Santo
***hwe**-bes **san**-to*

Good Friday (April)
Viernes Santo
*bee-**air**-nes **san**-to*

May 1, May Day
Día del Trabajo
***dee**-a del tra-**ba**-ho*

PUBLIC HOLIDAYS

October 12, Virgen del Pilar
Virgen del Pilar
beer**-hen del pee-**lar

November 1, All Saints Day
Todos los Santos
***to**-dos los **san**-tos*

December 6, Constitution Day
Día de la Constitución
dee**-a day la kon-stee-too-**thyon

December 8, Immaculate Conception
Inmaculada Concepción
*een-ma-koo-**la**-da kon-thep-**thyon***

December 24, Christmas Eve
Nochebuena
*no-chay-**bway**-na*

December 25, Christmas Day
Navidad
*na-bee-**dad***

December 31, New Year's Eve
Noche Vieja
***no**-chay bee-**ai**-ha*

BE POLITE!

Excuse me, I'm sorry
Disculpe, lo siento
*dees-**kool**-pay, lo see-**en**-to*

I'm really sorry
lo siento mucho
*lo **see**-en-to **moo**-cho*

May I get past?
Me dejar pasar?
*may **day**-ha pa-**sar***

yes, no (thank you)
sí, no (gracias)
*see, no (**gra**-thee-as)*

I agree (=understand)
estoy de acuerdo (=comprendo)
*es-**toy** day a-**kwer**-do (com-**prain**-do)*

I'd like, please, thank you,
Me gustaria, por favor, gracias
*may goos-ta-**ree**-a, por fa-**bor**, **gra**-thee-as*

I don't understand
no entiendo
*no en-**tyen**-do*

BE POLITE!

Not at all, you're welcome (after thanks)
En absoluto, de nada
*en ab-so-**loo**-to, day **na**-da*

It's (not important), nothing, doesn't matter
No pasa nada, nada, no importa
*no **pa**-sa **na**-da, **na**-da, no eem-**por**-ta*

Is it possible to ...? (= may I) have
¿Sería posible que...? (=podría) tener
*say-**ree**-a po-**see**-blay kay (=po-**dree**-a) **tay**-ner*

OK that's good, that's beautiful
Así está bien, es precioso
*a-**see** es-**ta** byen, es pray-thee-**o**-so*

many thanks
muchas gracias
***moo**-chas **gra**-thee-as*

Is everything all right?
¿Está todo bien?
*es-**ta to**-do byen*

I'm sorry to disturb you
perdone que le moleste
*per-**do**-ne kay le mo-**les**-tay*

Time

What time is it / at what time is ...?
¿Qué hora es / a qué hora...?
*kay **o**-ra es / a kay **o**-ra ...*

... the train for ..., the bus for ...
... el tren hacia..., el autobús para...,
*... el tren **a**-thee-a, el ow-to-**boos pa**-ra*

too (early), late, good enough
muy (pronto), tarde, está bien
*mwee (**pron**-to), **tar**-day, es-**ta** byen*

something earlier, later, that's fine
algo antes, tarde, asi está bien
***al**-go **an**-tes, **tar**-day, a-**see** es-**ta** byen*

I'd like to change the time of my booking
Me gustaría cambiar mi reserva
*may goos-ta-**ree**-a kam-**byar** mee re-**sair**-ba*

Please hurry, I'm late
Por favor apresúrese, llego tarde
*por fa-**bor**, a-pray-**soo**-re-say **ye**-go **tar**-day*

public holiday, Saturday, Sunday
festivo, sábado, domingo
*fes-**tee**-bo, **sa**-ba-do, do-**meen**-go*

TIME

in the (morning), afternoon
en la (mañana), mediodía
*en la man-**ya**-na, may-dee-o-**dee**-a*

in the evening, nightfall (dusk)
en la tarde, el anochecer
*en la **tar**-day, el a-no-che-**ther***

sunrise, daybreak, dawn
el amanecer
*el a-ma-ne-**ther***

after / before three o'clock
después / antes de las tres
*des-poo-**es** / **an**-tes de las tres*

breakfast, lunch, dinner
desayuno, comida, cena
*des-a-**yoo**-no, ko-**mee**-da, **thay**-na*

start, finish
comienza, termina
*ko-**myen**-tha, tair-**mee**-na*

open, closed, leave, arrive
abierto, cerrado, salir, llegar
*a-bee-**air**-to, the-**ra**-do, sa-**leer**, ye-**gar***

TIME

one, two, three, four
una, dos, tres, cuatro
oo-na, dos, tres, kwa-tro

five, six, seven, eight
cinco, seis, siete, ocho
theen-ko, says, see-e-tay, o-cho

nine, ten, eleven, twelve
nueve, diez, once, doce
nwe-bay, dee-eth, on-thay, do-thay

(... minutes past *x*),
(minutes) y (hour)
.... *ee* ......

... minutes to *x*
... (hour) menos (minutes)
.... *me-nos* ....

a quarter to *x*, (past), half-past
las *x* menos cuarto, (y), y media
las x me-nos kwar-to, (ee), ee me-dee-a

noon, midnight, hours
mediodía, media noche, horas
me-dee-o-dee-a, me-dee-a-no-chay, o-ras

GREETINGS AND INTRODUCTIONS

Good (morning)
Buenos (días)
*bway-nos **dee**-as*

afternoon / evening (after about 3.30pm),
tarde
***tar**-day*

Night
noche
***no**-chay*

How do you do (pleased to meet you)
Cómo estás (encantado de conocerte)
***ko**-mo es-**tas** (en-kan-**ta**-do day ko-no-**thair**-te)*

Hello (less formal)
Hola
***o**-la*

How are you?
¿Qué tal estás?
*kay tal es-**tas***

Very well, thanks; and you?
Muy bien, gracias; ¿y tú?
*mwee byen **gra**-thee-as; ee too*

GREETINGS AND INTRODUCTIONS

My name is ...
Me llamo...
*may **ya**-mo*

What is your name?
¿Cómo te llamas?
***ko**-mo tay **ya**-mas*

This is my (colleague), friend ...
Éste es mi (colega), amigo ...
***es**-te es mee (ko-**le**-ga), a-**mee**-go ...*

... husband, my wife
... marido, mi mujer
*... ma-**ree**-do, mee moo-**hair***

daughter, mother, female friend, girlfriend
hermana, madre, amiga, novia
*air-**ma**-na, **ma**-dray, a-**mee**-ga, **no**-vee-a*

father, son, male friend, boyfriend
padre, hijo, amigo, novio
***pa**-dray, **ee**-ho, a-**mee**-go, **no**-vee-o*

May I introduce ...? (more formal)
Quisiera presentarte a...
*kee-see-**e**-ra pre-sen-**tar**-te a ...*

GREETINGS AND INTRODUCTIONS

Goodbye (formal), informal
(Adiós), hasta otra
*(a-dee-**os**), as-ta **o**-tra*

Sorry to have disturbed you
Siento haberte molestado
*see-**en**-to a-**bair**-te mo-les-**ta**-do*

It is nice to meet you
Encantado (encantada) de conocerle
*en-kan-**ta**-do (en-kan-**ta**-da) day ko-no-**thair**-lay*

You are very kind
Es usted muy amable
*es oos-**ted** mwee a-**ma**-blay*

It is good to see you
Me alegro de verle
*me a-**le**-gro day **bair**-lay*

See you later / soon, until next time
Hasta luego / pronto, hasta la próxima
***as**-ta loo-**e**-go / **pron**-to, **as**-ta la **prok**-see-ma*

Have a good holiday! Have a good trip!
¡Felices vacaciones!, ¡Buen viaje!
*fe-**lee**-thes va-ka-thee-**o**-nes, bwen vee-**a**-hay*

How much and how to pay

How much is ... (this)?
¿Cuánto es ... (ésto)?
kwan-to es ... es-to

How much are ... (these)?
¿Cuánto cuesta ésto?
kwan-to kwe-sta es-to

I'd like to pay
Quisiera pagar
kee-see-e-ra pa-gar

May I have the bill, please?
¿Me trae la cuenta, por favor?
may try la kwen-ta, por fa-bor

Is everything included?
¿Está todo incluido?
es-ta to-do een-kloo-ee-do

Is (VAT), tip, included?
¿Incluye el (IVA), propina?
een-kloo-ye el (ee-ba), pro-pee-na

Is the service charge included?
¿Está el servicio incluido?
es-ta el seer-bee-thee-yo een-kloo-ee-do

HOW MUCH AND HOW TO PAY

Where do I pay?
¿Dónde tengo que pagar?
don-de ten-go kay pa-gar

What is this amount for?
¿A qué corresponde esta cantidad?
a kay ko-rays-pon-day es-ta kan-tee-dad

I do not have enough money
No tengo suficiente dinero
no ten-go soo-fee-thee-en-te dee-ne-ro

I think ...
Creo ...
kray-o ...

... you've made a mistake (e.g. in the bill)
... que han cometido un error
... kay an ko-may-tee-do oon ay-ror

Is it possible ...?
¿Puedo ...?
pwe-do ...

... to pay by this credit card
... pagar con tarjeta de crédito
... pa-gar kon tar-hay-ta day cray-dee-to

HOW MUCH AND HOW TO PAY

Do you accept travellers' cheques?
¿Aceptan cheques de viaje?
*a-**thep**-ta che-**kays** day bee-**a**-hay*

I'd like a receipt
¿Podría darme la factura
*po-**dree**-a **dar**-may la fak-**too**-ra*

How much is the entrance fee?
¿Cuánto cuesta la entrada?
***kwan**-to **kwe**-sta la en-**tra**-da*

Is there a reduction for ...?
¿Hay descuento por...?
*a-**ee** des-**kwen**-to por...*

... children, disabled, groups
... niños, minusválidos, grupos
*... **neen**-yos, mee-noos-**ba**-lee-dos, **groo**-pos*

... pensioners, students
...pensionistas, estudiantes
*... pen-see-o-**nees**-tas, es-too-dee-**an**-tes*

Thank you, this is for you
muchas gracias, ésto es para usted
moo**-chas **gra**-thee-as, **es**-to es **pa**-ra oos-**ted

COUNTING YOUR MONEY

> **166.386 pesetas = 1 euro**
> *pe-**say**-tas   **oo**-na e-**oo**-ro*
>
> Euros are available for bank
> transactions only until 2002

1, 2, 3, 4, 5
una, dos, tres, cuatro, cinco (duro)
***oo**-na, dos, tres, **kwa**-tro, **theen**-ko (**doo**-ro)*

25
veinticinco (cinco duros)
*bain-tee-**theen**-ko (**theen**-ko **doo**-ros)*

100, 100s, 500
cien, cientos, quinientas
*thee-**en**, thee-**en**-tos, keen-**yen**-tas*

1000, 2000, 5000, 10,000
mil, dos mil, cinco mil, diez mil
*meel, dos meel, **theen**-ko meel, dee-**eth** meel*

100,000
cien mil
*thee-**en** meel*

Making it Clear

I'm sorry, I don't speak Spanish
Lo siento, no hablo español
*lo see-**en**-to, no **a**-blo es-pa-**nyol***

Is it possible to talk ...
¿Sería posible que hablaramos ...
*say-**ree**-a po-**see**-ble kay a-**bla**-ra-mos*

... in English, please?
... en inglés, por favor?
*en een-**gles**, por fa-**bor***

I'm sorry, I don't understand
Lo siento, no le entiendo
*lo see-**en**-to, no lay en-**tyen**-do*

Yes, that's clear (I understand)
Sí, me ha quedado claro (le comprendo)
*see, may a kay-**da**-do **kla**-ro (lay kom-**prain**-do)*

can you repeat that more slowly?
¿Podría decirlo más despacio?
*po-**dree**-a de-**theer**-lo mas des-**pa**-thee-o*

Could you write that down for me, please?
¿Podría escribírmelo, por favor?
*po-**dree**-a es-kree-**beer**-may-lo, por fa-**bor***

MAKING IT CLEAR

Do you understand (me)?
¿(Me) comprende?
*(may) kom-**prain**-de*

Just a moment
Un momento
*oon mo-**main**-to*

Can you help me, please?
Puede ayudarme, por favor?
pwe**-day a-yoo-**dar**-may, por fa-**bor

It does not matter
No importa
*no eem-**por**-ta*

I do not mind
No me importa
*no may eem-**por**-ta*

Can you find someone ...?
¿Puede encontrar a alguien ...?
***pwe**-day en-kon-**trar** a **al**-gee-en ...*

... who speaks English
... que hable inglés
*... kay **a**-blay een-**gles***

USING THE PHONE

Where is (the telephone) ...?
¿Dónde está (el teléfono) ...?
***don**-day es-**ta** (el te-**le**-fo-no) ...*

... the nearest newsagent, please
... el estanco más cercano, por favor
*... el es-**tan**-ko mas thair-**ka**-no, por fa-**bor***

Can I telephone ...?
¿Puedo llamar a ...?
***pwe**-do ya-**mar** a ...*

... England from here
... Inglaterra desde aquí
*... een-gla-**te**-ra **dez**-day a-**kee***

... Ireland, New Zealand
... Irlanda, Nueva Zelanda
*... eer-**lan**-da, nway-ba-the-**lan**-da*

... Scotland, Wales
... Escocia, Gales
*... es-**ko**-thee-a, **ga**-les*

... Australia, South Africa
... Australia, Sudáfrica
*... ow-**stra**-lee-a, soo-**da**-free-ka*

28

USING THE PHONE

Where can I buy ...?
¿Dónde puedo comprar ...?
don-day pwe-do kom-prar ...

... a telephone card
... una tarjeta de teléfono
... oo-na tar-hay-ta day te-le-fo-no

May I have a ...?
¿Me da una ...?
me da oo-na ...

... 1000 pesetas telephone card, please
... tarjeta de mil pesetas, por favor
... tar-he-ta day meel pe-say-tas, por fa-bor

... (2000), 5000 pesetas
... (dos mil), cinco mil pesetas
... (dos meel), theen-ko meel pe-say-tas

I'd like a (some) ...
Me da un(unas cuantas) ...
me da oon (oo-nas kwan-tas) ...

... telephone token(s), please
... ficha(s) para el teléfono, por favor
... fee-cha(s) pa-ra el te-le-fo-no, por fa-bor

USING THE PHONE

Can you give me the code ...?
¿Me podría decir el prefijo ...?
*me po-**dree**-a dez-**eer** el pray-**fee**-ho ...*

... for America please
... para América por favor
*... **pa**-ra A-**me**-ree-ka por fa-**bor***

I'd like a ...
Quiero hacer una ...
*kee-**e**-ro a-**thair** **oo**-na ...*

... person-to-person call
... llamada personal
*... ya-**ma**-da pair-so-**nal***

... reversed-charge (collect) call
... llamada a cobro revertido
*... ya-**ma**-da a **ko**-bro re-bair-**tee**-do*

How do I get the ...?
¿Cómo accedo a la ...?
***ko**-mo ak-**thay**-do a la ...*

... international operator
... operadora internacional
*... o-pe-ra-**do**-ra een-tair-na-thyo-**nal***

30

USING THE PHONE

Hello, this is ... speaking
Hola, soy...
o-la, soy

I'd like to speak to ...
Quisiera hablar con...
*kee-see-**e**-ra a-**blar** kon*

Speak ...... louder ...... please
Hable ...... más alto ...... por favor
a**-blay ...... mas **al**-to ...... por fa-**bor

... more slowly ...
... despacio ...
*... days-**pa**-thee-o ...*

I'll hold on
Espero
*es-**pe**-ro*

When can I call back?
¿Cuándo puedo llamar de vuelta?
***kwan**-do **pwe**-do ya-**mar** day **bwel**-ta*

Please will you give him (her) a message?
¿Podría dajarle un mensaje?
*po-**dree**-a de-**har**-le oon men-**sa**-hay*

Using the Phone

There's a phone call for you
Tienes una llamada
*tee-**e**-nes **oo**-na ya-**ma**-da*

Hold the line
Espera
*es-**pe**-ra*

There's no answer
No contesta
*no kon-**tays**-ta*

The line is engaged
Comunica
*ko-moo-**nee**-ka*

The phone is not working
El telefono está estropeado
*el te-**le**-fo-no es-**ta** es-tro-pay-**a**-do*

He (she) is out at the moment
Ahora mismo no se encuentra
*a-**o**-ra **mees**-mo no se en-**kwen**-tra*

You have the wrong number
Se ha equivocado de número
*se a e-kee-bo-**ka**-do de **noo**-me-ro*

SPELL IT OUT

a, b, c, d
a, be, the, de

e, f, g, h
*e, **e**-fe, he, **a**-che*

i, j, k, l
*ee, **ho**-ta, ka, **e**-le*

m, n, o, p
***e**-me, **e**-ne, o, pe*

q, r, s, t
*koo, **e**-re, **e**-se, te*

u, v, w
*oo, **oo**-be, oo-be-**do**-ble*

x, y, z
***e**-kees, ee-**gree**-e-ga, **thai**-ta*

At the Airport

Where's the (Iberia) office?
¿Dónde está el mostrador de (Iberia)?
***don**-day es-**ta** el mos-tra-**dor** day (ee-**be**-ree-a)*

I'd like to book a seat
Quisiera reservar una plaza
*quee-see-**e**-ra re-sair-**bar** oo-na **pla**-tha*

... this is my ticket
... este es mi billete
*... **es**-te es mee bee-**ye**-tay*

I have lost my ticket
He perdido mi billete
*eh per-**dee**-do mee bee-**ye**-tay*

Here is my passport
Este es mi pasaporte
***es**-te es mee pa-sa-**por**-tay*

When does the next plane leave for ...?
¿A qué hora sale el próximo avión a...?
*a kay **o**-ra **sa**-le el **prok**-see-mo a-**byon** a ...*

... Madrid, Barcelona, London
... Madrid, Barcelona, Londres
*... ma-**dreed**, bar-thay-**lo**-na, **lon**-dres*

AT THE AIRPORT

When does it arrive?
¿A qué hora llega?
*a kay **o**-ra **ye**-ga*

How long is it delayed?
¿Cuánto tiempo lleva de retraso?
***kwan**to tee-**em**-po **ye**-ba day ray-**tra**-so*

Where do I pick up my bags?
¿Dónde se recogen los equipajes?
***don**-day say re-**ko**-hen los e-kee-**pa**-hays*

My luggage has not arrived
Mi equipaje no ha llegado
*mee e-kee-**pa**-hay no a ye-**ga**-do*

It is a (large) suitcase ...
Es una maleta (grande) ...
*es **oo**-na ma-**le**-ta **(gran**-day) ...*

... a rucksack
... una mochila
*... **oo**-na mo-**chee**-la*

Is there a left luggage office?
¿Hay consigna de equipajes?
*eye kon-**seeg**-na de e-kee-**pa**-hays*

AT THE AIRPORT

Where are the baggage trolleys?
¿Dónde están los carritos para el equipaje?
***don**-de es-**tan** los ka-**rree**-tos pa-ra el e-kee-**pa**-heh*

This package is fragile
Este paquete es frágil
*es-te pa-**ke**-te es **fra**-kheel*

I will carry it myself
Lo llevo yo
*lo **ye**-bo yo*

Please deliver it to my hotel ...
Por favor llévenlo a mi hotel...
*por fa-**bor** **ye**-ben-lo a mee o-**tel** ...*

... immediately it arrives
... en cuanto llegue
*... en **kuan**-to **ye**-ge*

I have nothing to declare
No tengo nada que declarar
*no **ten**-go **na**-da kay de-kla-**rar***

I have to declare these
He de declarar ésto
*e day de-kla-**rar** **es**-to*

AT THE AIRPORT

How much do I have to pay?
¿Cuánto tengo que pagar?
*kwan-to **ten**-go kay **pa**-gar*

I am on holiday,
Estoy de vacaciones,
*es-**toy** day ba-ka-thee-**o**-nes,*

... on business
... en viaje de negocios
*... en bee-**a**-hay day ne-**go**-thee-os*

I am here for a few days
Estoy aqui por unos días
*es-**toy** a-**kee** por oonos **dee**-yas*

Where can I exchange money?
¿Dónde puedo cambiar dinero?
***don**-de **pwe**-do kam-bee-**ar** dee-**ne**-ro*

Is there a courtesy bus to the hotel?
¿Hay un autobús al hotel?
*a-**ee** oon ow-to-**boos** al o-**tel***

Is there a bus to the town?
¿Hay un autobús al centro?
*a-**ee** oon ow-to-**boos** al **thain**-tro*

Going by boat

Is there a boat to ...?
¿Hay algún barco a ...?
a-ee al-goon bar-ko a ...

How long does it take to ...?
¿Cuánto se tarda en llegar?
kwan-to se tar-da en ye-gar

At which ports do we stop?
¿En qué puertos hace escala?
en kay pwer-tos a-the es-ka-la

I'd like to take a cruise
Quisiera tomar un crucero
kee-see-e-ra to-mar oon kroo-the-ro

I'd like a ... single ...berth
Quiero un camarote individual
kee-e-ro oon ka-ma-ro-te een-dee-bee-dwal

... double ...
... doble ...
... do-blay ...

May I have a timetable please?
¿Podría ver los horarios, por favor?
po-dree-a bair los o-ra-ree-os, por fa-bor

GOING BY BOAT

How much does it cost?
¿Cuánto cuesta?
kwan-to kwes-ta

Are there special prices for ...? (*see* page 24)
¿Hay descuentos para ...?
a-ee des-kwen-tos pa-ra ...

Are there any guided tours?
¿Hay visitas guiadas?
a-ee bee-see-tas gee-a-das

Two tickets please
Dos billetes por favor
dos bee-ye-tes por fa-bor

When does (the next boat) leave?
¿A qué hora sale (el próximo barco)?
a kay o-ra sa-lay (el prok-see-mo bar-ko)

... the car ferry ...
... el ferry ...
... el fe-ree ...

How often do the boats leave?
¿Con qué frecuencia salen los barcos?
kon kay fre-kwen-thee-a sa-len los bar-kos

Going by boat

How long ...?
¿Cuánto tiempo ...?
kwan-to tee-em-po ...

... do we stay in port
... hemos de esperar en el puerto
... e-mos day es-pe-rar en el pwair-to

How many berths in this cabin?
¿Cuántos camarotes hay en esta cabina?
kwan-tos ka-ma-ro-tes ay en es-ta ka-bee-na

How long is ...?
¿Durante cuánto tiempo es ...?
doo-ran-tay kwan-to tee-em-po es ...

... this ticket valid
... válido el billete
... ba-lee-do el bee-ye-tay

Are refreshments available on board?
¿Habrá refrescos a bordo?
a-bra re-fres-kos a bor-do

Where are the toilets?
¿Los servicios?
los sair-bee-thee-os

CAR BREAKDOWNS

Excuse me, my car has broken down
Disculpe, mi coche se ha estropeado
*dee-**kool**-pay, mee **ko**-chay se a es-tro-pay-**a**-do*

May I use your phone?
¿Podría usar su teléfono?
*po-**dree**-a oo-**sar** soo te-**le**-fo-no*

I've had a breakdown at ...
Se me ha estropeado el coche en ...
*say may a es-tro-pay-**a**-do el **ko**-chay en ...*

Can you tell me ...?
¿Podría decirme ...?
*po-**dree**-a de-**theer**-may ...*

... where's the nearest garage
... dónde está el taller más cercano
*... **don**-day es-**ta** el ta-**yer** mas thair-**ka**-no*

... the motorway rescue number
... el número del servicio técnico de carreteras
*... el **noo**-me-ro del ser-**bee**-thyo **tek**-nee-ko day ka-re-**tair**-as*

CAR BREAKDOWNS

Please write it down
Podría escribirlo, por favor
*po-**dree**-a es-kree-**beer**-lo, por fa-**bor***

Can you send a mechanic?
¿Podrían enviarme un mecánico?
*po-**dree**-a en-bee-**ar**-me oon me-**ka**-nee-ko*

Can you send a tow truck?
¿Podrían enviar un remolque?
*po-**dree**-an en-bee-**ar** oon ray-**mol**-kay*

I've run out of petrol
Se me ha acabado la gasolina
*say may a a-ka-**ba**-do la ga-so-**lee**-na*

The engine is overheating
El motor se ha recalentado
*el mo-**tor** se a re-ka-len-**ta**-do*

The fan belt has broken
Se ha roto el ventilador
*say a **ro**-to el ben-tee-la-**dor***

It will not start
No arranca
*no a-**ran**-ka*

CAR BREAKDOWNS

The tyre is flat
La rueda está pinchada
*la roo-**ay**-da es-**ta** peen-**cha**-da*

The exhaust pipe has fallen off
Se ha caído el tubo de escape
*say a ka-**ee**-do el **tu**-bo de es-**ka**-pe*

My windscreen has cracked
El parabrisas está roto
*el pa-ra **bree**-sas es-**ta ro**-to*

How much will it cost?
¿Cuánto costará?
kwan**-to kos-ta-**ra

How long will you be?
¿Cuánto tiempo le llevará?
kwan**-to tee-**em**-po le ye-ba-**ra

When will it be ready?
¿Cuándo estará listo?
***kwan**-do es-ta-**ra lees**-to*

There is something wrong with ...
Le pasa algo a...
*le **pa**-sa **al**-go a ...*

Car Parts

accelerator
el acelerador
*a-the-le-ra-**dor***

aerial
antena
*an-**tay**-na*

air filter
filtro de aire
***feel**-tro day **a** -ee-ray*

the alternator (battery)
la batería
*la ba-tee-**ree**-a*

antifreeze
anticongelante
*an-tee-kon-he-**lan**-tay*

automatic gearbox
cambio de marchas automàtico
***kam**-bee-o de **mar**-chas ow-to-**ma**-tee-ko*

axle
eje
***e**-hay*

CAR PARTS

back seats
el asiento trasero
*el a-see-**en**-to tra-**see**-ro*

battery
la batería
*la ba-te-**ree**-a*

bonnet
capot
*ka-**po***

boot
maletero
*ma-le-**te**-ro*

brake fluid
liquido de frenos
***lee**-kee-do day **fray**-nos*

brake light
luz de freno
*looth de **fray**-no*

the brakes
los frenos
*los **fray**-nos*

CAR PARTS

bulb
foco
fo-ko

bumper
parachoques
*pa-ra-**cho**-kes*

car-phone
teléfono de automóvil
*te-**le**-fo-no day ow-to-**mo**-beel*

the carburettor
el carburador
*el kar-boo-ra-**dor***

child seat
silla de niño
***see**-ya day **neen**-yo*

choke
estárter
*e-**star**-tair*

clutch
embrague
*em-**bra**-gay*

CAR PARTS

cooling system
sistema de enfriado
*sees-**te**-ma de en-free-**a**-do*

cylinder
cilindro
*thee-**leen**-dro*

dashboard
tablero de mandos
*ta-**ble**-ro de **man**-dos*

diesel
gasóleo
*gas-**o**-ley-o*

disc brake
freno de disco
***fray**-no day **dee**-sko*

distributor
distribuidor
*dees-tree-boo-ee-**dor***

door
portazuela
*por-ta-**thway**-la*

CAR PARTS

dynamo
dinamo
*dee-**na**-mo*

electrical system
sistema eléctrico
*see-**stay**-ma e-**lek**-tree-ko*

engine
motor
*mo-**tor***

exhaust system
sistema de escape
*see-**stay**-ma day e-**ska**-pay*

fan belt
correa del ventilador
*ko-**ray**-a del ben-tee-la-**dor***

fog lamp
faro antiniebla
***fa**-ro an-tee-nee-**e**-bla*

foot pump
bomba de pie
bom**-ba day pee-**ay

CAR PARTS

fuel
combustible
*kom-bus-**ti**-ble*

fuel gauge
indicador de gasolina
*een-dee-ka **dor** day ga-so-**lee**-na*

fuel pump
bomba de carburante
***bom**-ba day kar-boo-**ran**-tay*

fuse
fusible
*foo-**see**-blay*

gear box
caja de cambios
***ka**-ha day **kam**-bee-os*

gear lever
palanca de cambios
*pa-**lan**-ka day **kam**-bee-os*

gears
las velocidades / marchas
*las bee-lo-thee-**da**-des / **mar**-chas*

Car Parts

generator
generador
*he-ne-ra-**dar***

hammer
martillo
*mar-**tee**-yo*

hand brake
freno de mano
***fray**-no day **ma**-no*

hazard lights
luces de emergencia
***loo**-thes day e-mair-**hen**-thee-a*

headlights
faros
***fa**-ros*

heating
calefacción
*ka-le-fack-thee-**on***

hood
capó
*ka-**po***

CAR PARTS

horn
bocina
*bo-**thee**-na*

hose
manga
***man**-ga*

hub cap
embellecedor
*em-be-yeh-they-**dor***

ignition
contacto
*kon-**tak**-to*

ignition key
llave de contacto
***ya**-bay day kon-**tak**-to*

indicator
intermitente
*een-tair-mee-**ten**-tay*

jack
gato
***ga**-to*

CAR PARTS

lights
luces
loo-thes

lock
cerradura
*the-ra-**doo**-ra*

number plate
matrícula
*ma-**tree**-koo-la*

oil
aceite
*a-**thay**-ee-tay*

oil filter
filtro de aceite
***feel**-tro day a-**thay**-ee-tay*

oil pressure
presión de aceita
*pre-**syon** day a-**thay**-ee-tay*

petrol, petrol cap
gasolina, tapón
*ga-so-**lee**-na, ta-**pon***

CAR PARTS

petrol gauge
indicador de gasolina
*een-dee-ka-dor de ga-so-**lee**-na*

points
platinos
*pla-**tee**-nos*

pump
bomba
***bom**-ba*

the radiator
el radiador
*el ra-dee-a-**dor***

rear-view mirror
retrovisor
*re-tro-bee-**sor***

reflectors
reflectantes
*re-flek-**tan**-tes*

reverse gear
marcha atrás
*mar-cha a-**tras***

CAR PARTS

reversing lights
luz de marcha atrás
*looth day **mar**-cha a **tras***

roof-rack
baca
***ba**-ka*

screwdriver
destornillador
*des-tor-nee-ya-**dor***

seat
asiento
*a-**syen**-to*

seat belt
cinturón de seguridad
*then-yoo-**ron** day se-goo-ree-**dad***

shock absorber
amortiguador
*a-mor-tee-gwa-**dor***

silencer
silenciador
*see-len-thee-a-**dor***

CAR PARTS

socket set
juego de llaves de tubo
***hway**-go day **ya**-bes day **too**-bo*

spanner
llava inglesa
***ya**-bay een-**glay**-sa*

spare part
pieza de repuesto
*pee-**e**-tha de re-pu-**es**-to*

spare wheel
rueda de repuesto
*roo-**ay**-da de re-pu-**es**-to*

spark plug
la bujía
*boo-**hee**-a*

speedometer
el velocímetro
*be-lo-**thee**-me-tro*

starter motor
el starter
*el **star**-ter*

Car Parts

the steering
la dirección
*la dee-rek-**thyon***

steering wheel
volante
*bo-**lan**-tay*

sun roof
techo solar
te**-cho so-**lar

suspension
suspensión
*soo-spen-**syon***

tools
herramientas
*e-ra-**myen**-tas*

towbar
barra de remolque
***ba**-ra day re-**mol**-kay*

the transmission
la transmisión
*la trans-mee-**syon***

CAR PARTS

tyre
neumático
*nay-oo-**ma**-tee-ko*

tyre pressure
presión del neumático
*pre-**syon** del nay-oo-**ma**-tee-ko*

warning light
luz de advertencia
*looth day ad-bair-**ten**-thee-a*

wheel
rueda
*roo-**ay**-da*

windscreen
parabrisas
*pa-ra-**bree**-sas*

windscreen wiper
limpiaparabrisas
*leem-pee-a-pa-ra-**bree**-sas*

wing
ala
***a**-la*

Road signs

ADUANAS
Customs

ALUMBRADO DE CORTO ALCANCE
Switch on headlights before entering tunnel

APARCAMIENTO SÓLO PARA RESIDENTES
Parking for residents only

ÁREA DE SERVICIO
Service area

CAMINO PARTICULAR
Private road

CERRADO
Closed

DESPRENDIMIENTO
Falling rocks

DESVÍO
Diversion

MANTÉNGANSE A LA DERECHA (IZQUIERDA)
Keep right (left)

ROAD SIGNS

PARKING DE EMERGENCIA
Emergency parking

PELIGRO
Danger

PROHIBIDO EL PASO
No thoroughfare

OBRAS
Road works

REDUCCIÓN DE VELOCIDAD
Reduce speed

SENTIDO OBLIGATORIO
One way

STOP
Stop

ZONA PEATONAL
Pedestrian area

USO FICHA DE APARCAMIENTO OBLIGATORIO
Parking disc required

CAR HIRE

I'd like to hire a (small) car
Quisiera alquilar un coche (pequeño)
*kee-see-**e**-ra al-kee-**lar** oon ko-**chay** (pe-**ken**-yo)*

... medium-sized, large, automatic ...
... mediano, grande, automático ...
*... me-dee-**a**-no, **gran**-day, ow-to-**ma**-tee-ko ...*

I'd like it for a day (week)
Lo quisiera por un día (semana)
*lo kee-see-**e**-ra por oon **dee**-a (se-**ma**-na)*

two, three, four
dos, tres, cuatro
*dos, tres, **kwa**-tro*

five, six, weekend
cinco, seis, fin de semana
***theen**-ko, says, feen day se-**ma**-na*

I'd like to hire it here ...
Quisiera alquilarlo aquí ...
*kee-see-**e**-ra al-kee-**lar**-lo a-**kee** ...*

... and leave it in (Madrid)
... y dejarlo en (Madrid)
*... ee de-**har**-lo en (ma-**dreed**)*

CAR HIRE

What's the charge per day (week)?
¿Cuánto cuesta por día (semana)?
kwan-to kwes-ta por dee-a (se-ma-na)

Are there special weekend arrangements?
¿Hay precios especiales de fin de semana?
a-ee pre-thee-os es-pe-thee-a-les day feen day se-ma-na

(I want) full insurance
(Quiero) un seguro completo
(kee-e-ro) oon se-goo-ro kom-ple-to

(I already have) (including) personal accident
(Ya tengo) (incluye) seguro de accidentes
(ya ten-go) (een-kloo-ye) se-goo-ro day ak-thee-den-tays

What's the deposit?
¿A cuánto asciende el depósito?
a kwan-to as-thee-en-day el de-po-see-to

kilometres (mileage) included?
¿Incluye el kilometraje?
een-kloo-ye el kee-lo-me-tra-hay

CAR HIRE

I would like a spare set of keys
Quiero un juego de llaves de repuesto
*kee-ey-ro un khw-**e**-go de **ya**-bes de re-**pwes**-to*

How does the steering lock work?
¿Cómo funciona el bloqueo del volante?
***ko**-mo fun-cee-**o**-na el blo-**ke**-ow del bo-**lan**-te*

What petrol does it take?
¿Qué tipo de combustible gasta?
*kay **tee**-po de kom-boos-**tee**-ble **gas**-ta*

Where is the tool kit?
¿Dónde están las herramientas?
***don**-de es-**tan** las er-a-mee-**en**-tas*

Please show me how ...
Por favor enséñeme como ...
*por fa-**bor** en-**see**-hye-me **ko**-mo ...*

... to operate the lights
... funcionan las luces
*... foon-cee-**o**-nan las **loo**-thes*

... to open the sun roof
... se abre el techo solar
*... se **a**-bre el **te**-cho so-**lar***

CAR HIRE

Here's my (driving licence)
Aquí está mi permiso de conducir
*a-**kee** es-**ta** mee per-**mee**-so day kon-doo-**theer***

passport
pasaporte
*pa-sa-**por**-tay*

home address
domicilio permanente
*do-mee-**thee**-lee-o per-ma-**nen**-tay*

Can I take it across the border ...?
¿Puedo cruzar la frontera con él ...?
***pwe**-do croo-**thar** la fron-**tay**-ra kon el ...*

... to Portugal
... de Portugal
*... por-too-**gal***

... to France
... de Francia
*... de **fran**-thee-a*

... to Gibraltar
... de Gibraltar
*... de hee-bral-**tar***

Catching a Bus

Where is ...?
¿Dónde está ...?
***don**-day es-**ta** ...*

... the bus / coach station
... la estación de autobuses
*... la es-ta-**thyon** day ow-to-**boo**-says*

... the ticket office
... la taquilla
*... la ta-**kee**-ya*

... the bus (coach) stop for ...
... la parada para ...
*... la pa-**ra**-da **pa**-ra ...*

Where does the bus (coach) go from?
¿De dónde sale el autobús?
*de **don**-day **sa**-lay el ow-to-**boos***

*el ow-to-**boos** a ... **pa**-ra a-**ee***
El autobús a ... para ahí
The bus to ... stops over there

Have you a timetable?
¿Tiene una copia de los horarios?
*tee-**e**-ne **oo**-na **ko**-pee-a de los o-**ra**-ree-os*

64

Catching a Bus

How far is it to ...?
¿Cuánto se tarda en llegar a...?
kwan-to se tar-da en ye-gar a ...

How long does it take ...?
¿Cuánto se tarda ...?
kwan-to say tar-da ...

... to get there from here
... de aquí a allí
... day a-kee a a-yee

How much is the fare?
¿Cuánto es?
kwan-to es

I'd like a single ...
Quisiera un billete de ida ...
kee-see-e-ra oon bee-ye-tay de ee-da ...

... return
... ida y vuelta
... ee-da ee bwel-ta

... a travel card
... la tarjeta de transporte público
... la tar-he-ta de trans-por-te poo-bli-ko

Catching a Bus

Can I pay the driver?
¿Puedo pagar al conductor?
*pwe-do pa-**gar** al kon-dook-**tor***

Could you tell me ...?
¿Podría decirme ...?
*po-**dree**-a de-**theer**-may ...*

... when to get off
... cuándo bajarme
... ***kwan**-do ba-**har**-may*

Do you have a map ...?
¿Tiene un mapa...?
*tee-**e**-ne oon **ma**-pa ...*

Please show me (where we are)
Podría decirme (dónde estamos)
*po-**dree**-a de-**theer**-may (**don**-day es-**ta**-mos)*

What time is the last bus (coach) from (to) ..?
¿A qué hora sale el último autobús de (a)...?
*a kay **o**-ra **sa**-lay el **ool**-tee-mo ow-to-**boos** day (a)*

Does this bus (coach) stop at ...?
¿Este autobús para en...?
***es**-te ow-too-**boos pa**-ra en ...*

Catching a Bus

How long ...?
¿Durante cúanto tiempo ...?
*Doo-**ran**-tay **kwan**-to tee-**em**-po ...*

... is this ticket valid
... es el billete válido
*... es el bee-**ye**-tay **ba**-lee-do*

Is there a reduction for ...? (*see* page 24)
Hay descuento para...?
*A-**ee** des-**kwen**-to **pa**-ra ...*

... off-peak hours
... fuera de horas punta
*... foo-**e**-ra de **o**-ras **poon**-ta*

At what time is the next bus (coach) to ...?
¿A qué hora sale el próximo autobús a...?
*a kay **o**-ra **sa**-lay el **prok**-see-mo ow-to-**boos** a*

We want to make a city sightseeing tour
Quisiéramos un tour de la ciudad
*kee-see-**e**-ra-mos oon toor day la thee-**oo**-dad*

Are there organised tours?
¿Hay tours organizados?
*a-**ee** toors or-ga-nee-**tha**-dos*

Catching a Bus

Does the (bus) coach call at ... hotel?
Este autobús para frente al hotel ...?
es-te ow-to-***boos** **pa**-ra **fren**-tay al o-**tel** ...*

You must take a number ...
Deben de coger el ...
***de**-bain day ko-**hair** el ...*

When is the last bus?
¿A qué hora es el último autobús?
*a kay **o**-ra es el **ool**-tee-mo ow-to-**boos***

When is the first bus?
¿A qué hora es el primer autobús?
*a kay **o**-ra es el **pree**-mer ow-to-**boos***

*los ow-to-**boo**-says **sa**-len ...*
Los autobuses salen ...
The buses run ...

*... **ka**-da dee-**eth** mee-**noo**-tos ...*
... cada diez minutos ...
... every ten minutes ...

*... en **o**-ras **poon**-ta*
... en horas punta
... during the rush hours

GOING BY TAXI

Where can I get (a taxi)?
¿Dónde puedo coger (un taxi)?
don-day pwe-do ko-hair (oon tak-see)

Please get me a taxi
Me puede pedir un taxi, por favor
may pwe-day pe-deer oon tak-see, por fa-bor

Are you free?
¿Está libre?
Es-ta lee-bray

I'm in a hurry
Tengo prisa
ten-go pree-sa

What's the fare to ...?
Cuánto es la tarifa a ...?
kwan-to es la ta-ree-fa a ...

How far is it to ...?
¿Cuánto se tarda en llegar a ...?
kwan-to se tar-da en ye-gar a ...

Please hurry, I'm late
Por favor dese prisa, llego tarde
por fa-bor de-se pree-sa, ye-go tar-de

Going by taxi

Take me to ...
Lléveme a ...
ye-bay-may a ...

... to this address
... a esta dirección
... *a es-ta dee-rek-thyon*

... the (international) airport
... el aeropuerto (internacional)
... *el a-air-ro-pwair-to (een-ter-na-thee-o-nal)*

... the centre of the town
... el centro de la ciudad
... *el then-tro day la thee-oo-dad*

... the railway station
... la estación de ferrocarril
... *la es-ta-thyon de fe-ro-ka-reel*

... bus to ..., train to ...
... autobús a ..., tren a ...
... *ow-to-boos a ..., tren a ...*

Please stop at the corner
Por favor pare en la esquina
por fa-bor pa-re en la es-kee-na

GOING BY TAXI

Could you wait for me?
¿Podría esperarme?
*po-**dree**-a es-pe-**rar**-me*

I'll be back in ...
Estaré de vuelta en ...
*es-ta-**ray** day **bwel**-ta en ...*

... 5, 10, 20 minutes
... cinco, diez, veinte minutos
*... **theen**-ko, dee-**eth**, **bain**-tay mee-**noo**-tos*

half an hour
media hora
***me**-dee-a **o**-ra*

Please could you help me ...?
¿Podría ayudarme ...?
*po-**dree**-a a-yoo-**dar**-may ...*

... to carry my luggage
... con el equipaje
*... kon el e-kee-**pa**-hay*

How much is that?
¿Cuánto es esto?
***kwan**-to es **es**-to*

Underground – the Metro

Where's the nearest ...?
¿Dónde está la ... más cercana?
***don**-de es-**ta** la ... mas thair-**ka**-na*

... Metro station ...
... estación de metro ...
*... es-ta-**thyon** de **me**-tro ...*

Which line should I take for ...?
¿Qué línea he de coger para ir a...?
*kay **leen**-ya e day ko-**hair pa**-ra eer a ...*

Does this train go to ...?
¿Este tren va a...?
***es**-te tren ba a ...*

Is ... the next station?
¿Es ... la próxima estación?
*es ... la **prok**-see-ma es-ta-**thyon***

Where can I get change ...?
¿Dónde puedo obtener cambio ...?
***don**-day **pwe**-do ob-tay-**ner kam**-bee-o ...*

... for the ticket machine
... para la máquina de billetes
*... **pa**-ra la **ma**-kee-na day bee-**ye**-tays*

UNDERGROUND – THE METRO

Are there childrens' tickets?
¿Hay billetes para niños?
*a-ee bee-**ye**-tes **pa**-ra **nee**-nyos*

Where is there a map?
¿Dónde hay un mapa?
***don**-day ay oon **ma**-pa*

Where do I change for ...?
¿En dónde cambio para ...?
*en **don**-day **kam**-bee-o **pa**-ra ...*

Is this the right platform for ...?
¿Es este el andén para ...?
*es **es**-te el an-**den pa**-ra ...*

What time is the last train for ...?
¿A qué hora sale el último tren a ...?
*a kay **o**-ra **sa**-lay el **ool**-tee-mo tren a ...*

What time is the first train for ...?
¿A qué hora sale el primer tren a ...?
*a kay **o**-ra **sa**-lay el pree-**mair** tren a ...*

What are the time intervals between trains?
¿Cada cuánto tiempo pasan los trenes?
***ka**-da **kwan**-to tee-**em**-po **pa**-san los trenes*

CUSTOMS AND PASSPORTS

*soos pa-**pe**-les, por fa-**bor***
Sus papeles, por favor
Your papers, please

*kwan-to tee-**em**-po ba a pa-**sar***
¿Cuánto tiempo va a pasar?
How long are you staying here?

I'll be staying (a few days) ...
Me quedaré (unos cuantos días) ...
*may kay-day-**ray** (**oo**-nos **kwan**-tos **dee**-as) ...*

... a week, a month
... una semana, un mes
*... **oo**-na se-**ma**-na, oon mes*

I don't know yet
No lo sé todavía
*no lo say to-da-**bee**-a*

I'm here on holiday
Estoy aquí de vacaciones
*es-**toy** a-**kee** day ba-ka-thee-**o**-nays*

I'm here on business
Estoy aquí en viaje de negocios
*es-**toy** a-**kee** en bee-**a**-hay day ne-**go**-thee-os*

CUSTOMS AND PASSPORTS

***don**-day ba a es-**tar** do-mee-thee-lee-**a**-do en es-**pan**-ya*
¿Dónde va a estar domiciliado en España?
What is your address in Spain?

My address here is ...
Durante mi estancia estaré domicialiado en..
*doo-**ran**-tay mee es-**tan**-thee-a es-ta-**re** do-mee-thee-lee-**a**-do en ...*

*es-**tan** **hoon**-tos*
¿Están juntos?
Are you together?

I'm travelling ... (alone)
Viajo ... (solo)
*bee-**a**-ho ... (**so**-lo)*

... with my (wife), family
... con mi (mujer), familia
*... kon mee (**moo-hair**), fa-**mee**-lee-a*

... a friend (m / f)
... un amigo / amiga
*... oon a-**mee**-go / a-**mee**-ga*

Customs and passports

How much money do have you?
¿De cuánto dinero dispone?
*day **kwan**-to dee-**ne**-ro dees-**po**-nay*

I have ... (currency, pounds, dollars)
Tengo ... (pesetas, libras, dólares)
***ten**-go ... (pe-**say**-tas, **lee**-bras, **do**-la-res)*

... nothing to declare
... nada que declarar
*... **na**-da kay de-kla-**rar***

This is for my own use
Es para mi uso personal
*es **pa**-ra mee **oo**-so per-so-**nal***

This is my luggage
Éste es mi equipaje
***es**-te es mee e-kee-**pa**-hay*

***ee**-tho el e-kee-**pa**-hay oos-**ted mees**-mo*
¿Hizo el equipaje usted mismo?
Did you pack this yourself?

It has only my personal things in it
Sólo contiene artículos personales
***so**-lo kon-tee-**e**-ne ar-**tee**-koo-los per-so-**na**-les*

Finding your way

Is there a ... near here ...?
¿Hay un ... cerca de aquí ...?
*a-**ee** oon ... **thair**-ka day a-**kee** ...*

... bank, bar, campsite
... banco, bar, camping
*... **ban**-ko, bar, **kam**-peen*

... hotel, petrol station, pharmacy
... hotel, gasolinera, farmacia
*... o-**tel**, gas-o-leen-**e**-ra, far-**ma**-thee-a*

... post office, restaurant
... oficina de correos, restaurante
*... o-fee-**thee**-na day ko-**ray**-o, re-sto-**ran**-tay*

... the tourist office
... la oficina de turismo
*... la o-fee-**thee**-na day too-**reez**-mo*

Is it far to ...?
¿Cuánto se puede tardar en llegar a ...?
***kwan**-to say **pwe**-day tar-**dar** en ye-**gar** a...*

How far is it to ...?
¿Cómo de lejos está ... ?
ko**-mo day **lay**-hos es-**ta

Finding Your Way

Please show me on this map ...
Podría mostrarme ... en este mapa
*po-**dree**-a mos-**trar**-me ... en **es**-te **ma**-pa*

... where I am
... dónde estoy
*... **don**-day es-**toy***

rek-to
Recto
Keep straight on

*los **prok**-see-mos ... (**me**-tros), kee-**lo**-me-tros*
los próximos ... (metros), kilómetros
for ... (metres), kilometres

*thee-**en**, dos-thee-**en**-tos, kee-nee-**en**-tos **me**-tros*
cien, doscientos, quinientos metros
100, 200, 500 metres

*ba-ya **as**-ta ...*
Vaya hasta ...
You go as far as ...

*... al fee-**nal** day la ka-ray-**te**-ra ...*
... al final de la carretera ...
... the end of the road ...

FINDING YOUR WAY

*a la eeth-**kyair**-da (de-**ray**-cha)*
A la izquierda (derecha)
Turn left (right)

***kroo**-thai la **ka**-ye*
Cruce la calle
Cross over the road

*... en el (se-**ma**-fo-ro)*
... en el (semáforo),
... at the (traffic lights)

*... en el **kroo**-thay (een-tair-sek-**thyon**)*
... en el cruce (intersección)
... at the crossroads (intersection)

We want the motorway for ...
La autovía a ...
*la ow-to-**bee**-a a*

How many kilometres to ...?
¿Cuántos kilómetros a ...?
***kwan**-tos kee-**lo**-me-tros a ...*

5, 10, 20 km
cinco, diez, veinte kilómetros
***theen**-ko, dee-**eth**, **bain**-tay kee-**lo**-me-tros*

Maps and guides

How far is it to ...?
¿Cómo de lejos está ... ?
ko-mo day lay-hos es-ta ...

... the tourist office
... la oficina de turismo
... *la o-fee-thee-na day too-reez-mo*

... the nearest petrol station
... la gasolinera más cercana
... *la gas-o-lee-ne-ra mas thair-ka-na*

... the beach, a car park
... la playa, un parking
... *la ply-a, oon par-keen*

... the city centre
... el centro de la ciudad
... *el thain-tro day la thee-oo-dad*

... a golf course, tennis courts
... un campo de golf, pistas de tenis
... *oon kam-po day golf, pees-tas day te-nees*

... a swimming pool, skiing
... una piscina, pistas de esquí
... *oo-na pees-thee-na, pees-tas day e-skee*

MAPS AND GUIDES

... the railway station
... la estación de ferrocarril
*... la es-ta-**thyon** day fe-ro-ka-**reel***

I'd like a street plan, please
Quisiera un callejero, por favor
*kee-see-**e**-ra oon ka-ye-**hair**-o, por fa-**bor***

May I have a map?
¿Podría darme un mapa?
*po-**dree**-a **dar**-me oon **ma**-pa*

Where is (are) ...?
¿Dónde está (están) ...?
***don**-day es-**ta** (es-**tan**) ...*

Please will you show me ...?
¿Podría mostrarmelo, por favor ...?
*po-**dree**-a mos-**trar**-me-lo, por fa-**bor** ...*

... where I can find this address
... dónde puedo encontrar ésta dirección
*... **don**-day **pwe**-do en-kon-**trar es**-ta dee-rek-**thyon***

Please write it down
Podría escribirlo, por favor
*po-**dree**-a es-kree-**beer**-lo, por fa-**bor***

Metric equivalents

Liquid measure

1 litre = 1.761 Imperial pints
1 Imperial pint = 0.572 litre
1 Imperial gal = 4.551 litres

lit	5	10	15	20	25	30	35	40	45	50
gal	1.1	2.2	3.3	4.4	5.5	6.6	7.7	8.8	9.9	11

Distance

1 kilometre = 0.621 mile
1 mile = 1.609 km

km	10	20	30	40	50	60	70	80	90	100
mile	6	12	19	25	31	37	44	50	56	62

mile	10	20	30	40	50	60	70	80	90	100
km	16	32	48	64	80	97	113	129	145	161

Tyre pressures

psi	18	22	26	30	34	38	42	46	50
bar	1.27	1.55	1.83	2.11	2.39	2.67	2.95	3.24	3.52

psi	20	24	28	32	36	40	44	48	52
bar	1.41	1.69	1.97	2.25	2.53	2.81	3.09	3.38	3.66

PETROL STATIONS / GARAGES

Fill it up
Llénelo
ye-nay-lo

... litres of petrol (gas)
... litros de gasolina (gasoleo)
... ***lee**-tros day ga-so-**lee**-na (ga-**so**-le-o)*

... x worth of petrol (gas)
... pesetas de gasolina (gasoleo)
... *pe-**say**-tas day ga-so-**lee**-na (ga-**so**-le-o)*

Please check the ...
Podría comprobar el ...
*po-**dree**-a kom-pro-**bar** el ...*

Please change the ...
Podría cambiar el ...
*po-**dree**-a kam-**byar** el*

... and the spare tyre too
... y la rueda de repuesto también
... *ee la roo-**ay**-da day re-**pwes**-to tam-**byen***

Where are the toilets?
¿Dónde están los servicios?
***don**-day es-**tan** los sair-**bee**-thee-os*

PETROL STATIONS / GARAGES

self-service
autoservicio
*ow-to-sair-**bee**-thee-o*

super (premium), regular, unleaded, diesel
super, normal, sin plomo, diesel
***soo**-pair, nor-**mal**, seen **plo**-mo, dee-**e**-sel*

antifreeze / coolant
anticongelante
*an-tee-kon-hay-**lan**-tay*

battery, brake fluid
batería, líquido de frenos
*ba-te-**ree**-a, **lee**-kee-do day **fray**-nos*

fan belt, light bulb, oil
ventilador, bombilla, aceite
*ben-tee-la-**dor**, bom-**bee**-ya, a-thay-**ee**-tay*

spark plugs, tyre (pressure)
bujías, ruedas (presión)
*boo-**hee**-as, roo-**ay**-das (pre-**syon**)*

water, windscreen wipers
agua, parabrisas
*a-**gwa**, pa-ra-**bree**-sas*

GOING BY RAIL

Where's the ...?
¿Dónde está ...?
***don**-day es-**ta** ...*

... railway station
... la estación de ferrocarril
*... la es-ta-**thyon** day fe-ro-ka-**ree**-les*

... ticket office, platform for ...
... ventanilla, andén a ...
*... ben-ta-**nee**-ya, an-**den** a*

... lost property office
... objetos perdidos
*... ob-**hay**-tos per-**dee**-dos*

... left luggage office
... consigna
*... kon-**seeg**-na*

... snack bar ... toilets
... cafetería ... servicios
*... ka-fe-te-**ree**-a, sair-**bee**-thee-os*

... telephones
... locutorio telefónico
*... lo-koo-**to**-ree-o te-le-**fo**-nee-ko*

GOING BY RAIL

What's the fare to ...?
¿Cuánto cuesta el billete a ...?
kwan-to kwes-ta el bee-ye-tay a ...

Is there a reduction for ...? (*see* page 24)
¿Hay descuento para ...?
a-ee des-kwen-to pa-ra ...

I'd like a ... (sleeper)
Quisiera un ... (coche cama)
kee-see-e-ra oon ... (ko-chay ka-ma)

... ticket to ...
... billete a ....
... bee-ye-tay a ...

... single, return
... ida, ida y vuelta
... ee-da, ee-da ee bwel-ta

... first class, second class
... primera clase, segunda clase
... pree-me-ra kla-say, se-goon-da kla-say

Must I change trains?
¿Debo cambiar de tren?
de-bo kam-byar day tren

GOING BY RAIL

Is there a restaurant car?
¿Hay vagón restaurante?
*a-**ee** ba-**gon** re-sto-**ran**-tay*

At what time does the ...?
¿A qué hora ...?
*a kay **o**-ra ...*

... (next) train (leave) arrive (at)
... (próximo) tren (salida) llegada (a)
*... (**prok**-see-mo) tren (sa-**lee**-da) ye-**ga**-da (a)*

Is this the right train for ...?
¿Es éste el tren que hay que coger para ir a...?
*es **es**-te el tren kay a-**ee** kay ko-**hair** **pa**-ra eer a ...*

A (smoking) compartment ...
Compartimento (de fumadores) ...
*kom-par-tee-**men**-to (day foo-ma-**do**-res) ...*

... (non-smoking) ... please
... (no fumadores) por favor
*... (no foo-ma-**do**-res) por fa-**bor***

A window seat, please
Asiento de ventana, por favor
*a-**syen**-to day ben-**ta**-na, por fa-**bor***

87

GOING BY RAIL

Local train
Tren de cercanías
*tren day thair-ka-**nee**-as*

Regional train
Tren regional
*tren re-hee-**o**-nal*

Long distance train (inter-city)
Tren de largo recorrido
*tren day **lar**-go re-ko-**ree**-do*

Can I check in my bags?
¿Puedo facturar el equipaje?
***pwe**-do fak-too-**rar** el e-kee-**pa**-hay*

I want to leave these bags in the left-luggage
Quiero dejar estas bolsas en la consigna
*kee-**e**-ro de-**har es**-tas **bol**-sas en la kon-**seeg**-na*

How much is it per bag?
¿Cuánto es por cada bolsa?
***kwan**-to es por **ka**-da **bol**-sa*

I shall pick them up this evening
Las recogeré esta tarde
*las re-ko-hair-**ay es**-ta **tar**-day*

GOING BY RAIL

Are we on time?
¿Llegaremos a la hora prevista?
*ye-ga-**ray**-mos a la **o**-ra pray-**bee**-sta*

Can you help me with my bags?
¿Puede ayudarme con el equipaje?
***pwe**-day a-yoo-**dar**-may kon el e-kee-**pa**-hay*

Is this seat taken?
¿Está ocupado este asiento?
*es-**ta** o-koo-**pa**-do **es**-tay a-**syen**-to*

May I open the window?
¿Le importa si abro la ventana?
*le eem-**por**-ta see **a**-bro la ben-**ta**-na*

My wife has my ticket
Mi esposa tiene mi billete
*mee es-**po**-sa tee-**e**-nay mee bee-**ye**-tay*

I have lost my ticket
He perdido mi billete
*e pair-**dee**-do mee bee-**ye**-tay*

Why have we stopped?
¿Por qué hemos parado?
*por kay **ay**-mos pa-**ra**-do*

SIGHTSEEING

Where's the tourist office?
¿Dónde está la oficina de turismo?
***don**-day es-**ta** la o-fee-**thee**-na day too-**reez**-mo*

We're here for (half a) day
Vamos a pasar (medio) día
***ba**-mos a pa-**sar** (**me**-dee-o) **dee**-a*

one, two hours
una, dos horas
***oo**-na, dos **o**-ras*

We are most interested in ...
Lo que más nos interesa es ...
*lo kay mas nos een-te-**re**-sa es ...*

I'd like to see (visit) ...
Quisiera ver (visitar) ...
*kee-see-**e**-ra bair (bee-see-**tar**) ...*

... antiques, archaeology
... antigüedades, arqueología
*... an-tee-gwe-**da**-des, ar-ke-o-lo-**hee**-a*

... architecture, art
... arquitectura, arte
*... ar-kee-tek-**too**-ra, **ar**-te*

... botanic gardens
... jardines botánicos
... *har-**deen**-es bo-**ta**-nee-kos*

... cathedrals, churches
... catedrales, iglesias
... *ka-te-**dra**-les, ee-**gle**-see-as*

... art gallery, library
... galería de arte, biblioteca
... *ga-le-**ree**-a day **ar**-te, bee-blee-**o**-te-ka*

... mausoleum, monuments
... mausoleo, monumentos
... *ma-oo-so-**le**-o, mo-noo-**men**-tos*

... museums, natural history
... museos, historia natural
... *moo-**se**-os, ees-**to**-ree-a na-too-**ral***

... (royal) palace, ruins
... palacio (real), ruinas
... *pa-**la**-thee-o (re-**al**), roo-**ee**-nas*

Is there a bus to the zoo?
¿Hay autobús al zoo?
***a-ee** ow-to-**boos** al tho*

SIGHTSEEING

I'll be staying (a few days) ...
Me quedaré (unos cuantos días) ...
*may kay-day-**ray** (**oo**-nos **kwan**-tos **dee**-as) ...*

... whole day, week
... un día, semana
*... oon **dee**-a, se-**ma**-na*

What should one see here?
¿Qué es lo que hay que ver?
*kay es lo kay a-**ee** kay bair*

What can you suggest for children, ...?
¿Qué nos recomienda para los niños, ...?
*kay nos re-ko-**myen**-da pa-ra los **neen**-yos*

... not too far away
... no muy lejos
*... no mwee **le**-hos*

May I have a street plan?
¿Podrían darme un plano?
*po-**dree**-an dar-**may** oon **pla**-no*

Please show me
Podría mostrarmelo, por favor
*po-**dree**-a mos-**trar**-me-lo, por fa-**bor***

SIGHTSEEING

I'd like a sightseeing tour
Quisiera un recorrido turístico
*kee-see-**e**-ra oon re-ko-**ree**-do too-**rees**-tee-ko*

Are there any guided tours ...?
¿Hay alguna visita con guía ...?
*a-**ee** al-**goo**-na bee-**see**-ta kon **gee**-a ...*

... of the castle
... al castillo
*... al kas-**tee**-yo*

Is there an English-speaking guide?
¿Tienen una guía en inglés?
*tee-**e**-nen **oo**-na **gee**-a en een-**gles***

How long does the tour take?
¿Cuánto dura la visita?
***kwan**-to **doo**-ra la bee-**see**-ta*

At what time does it open (close)?
¿A qué hora abre (cierra)?
*a kay **o**-ra **a**-bray (cee-**e**-ra)*

When are the last admissions?
¿A qué hora es la última admisión?
*a kay **o**-ra es la **ool**-tee-ma ad-mee-**syon***

93

SIGHTSEEING

How much is the entrance fee?
¿Cuánto cuesta la entrada?
kwan-to kwes-ta la en-tra-da

Is there a special price for ...? (see page 24)
Hay precios especiales para...?
a-ee pre-thee-os es-pe-thee-a-les pa-ra ...

I'd like a ticket to ...
Quisiera un billete a ...
kee-see-e-ra oon bee-ye-tay a ...

Where's the house where ... lived?
¿Dónde está la casa en que vivió ...?
don-day es-ta la ka-sa en kay bee-bee-o

Can we go in?
¿Podemos entrar?
po-de-mos en-tiar

When was it built?
¿Cuándo fué construido?
kwan-do fwe kons-troo-ee-do

Who built it?
¿Quién lo construyo?
kee-en lo kons-troo-yo

SIGHTSEEING

Have you a guide book (in English)?
¿Tienen una guía (en inglés)?
*tee-**e**-nen **oo**-na **gee**-a (en een-**gles**)*

I'd like a catalogue
Quisiera un catálogo
*kee-see-**e**-ra oon ka-**ta**-lo-go*

Can I take pictures?
¿Puedo hacer fotografías?
***pwe**-do a-**thair** fo-to-gra-**phee**-as*

Can I use flash?
¿Puedo usar flash?
***pwe**-do **oo**-sar flas*

Who was the architect, painter, sculptor?
¿Quién fué el arquitecto, pintor, escultor?
*kee-**en** fwe el ar-kee-**tek**-to, peen-**tor**, es-kul-**tor***

At what time is the service?
¿A qué hora es la misa?
*a kay **o**-ra es la **mee**-sa*

Where is ... buried?
¿Dónde está ... enterrado?
***don**-day es-**ta** ... en-te-**ra**-do*

TRAVEL AGENTS

Where's the nearest ...?
¿Dónde está la ... más cercana?
***don**-day es-**ta** la ... mas thair-**ka**-na*

... travel agent
... agencia de viajes ...
*... a-**hen**-thee-a day bee-**a**-hays ...*

Is there a flight to ... on ...?
¿Hay vuelos a ... el ... ?
*a-**ee bwe**-los a ... el ...*

Is it direct?
¿Es directo?
*es dee-**rek**-to*

Must I change planes? Where?
¿He de cambiar de avión? ¿Dónde?
*e day kam-bee-**ar** day a-**byon**? Don-**day***

I'd like to (change) my reservation
Quisiera (cambiar) mi reserva
*kee-see-**e**-ra (kam-**byar**) mee re-**sair**-ba*

... cancel, confirm ...
... cancelar, confirmar ...
*... kan-the-**lar**, kon-feer-**mar** ...*

TRAVEL AGENTS

What's the next flight to ...?
¿Cuál es el próximo vuelo a ...?
*kwal es el **prok**-see-mo **bwe**-lo a ...*

What's the (flight number) ...?
¿Cuál es el (número de vuelo) ...?
*kwal es el (**noo**-me-ro day **bwe**-lo) ...*

... check-in time
... facturación
*... fak-too-ra-**thyon***

I want a (single), return ...
¿Quiero un billete de (ida) ida y vuelta, ...
*kee-**e**-ro oon bee-**ye**-tay day (**ee**-da) **ee**-da ee **bwel**-ta*

... first-class, business class ...
... primera clase, clase business ...
*... pree-**me**-ra **kla**-say, **kla**-say **bees**-nez ...*

At what time does it (leave), arrive
A que hora (sale), llega
*a kay **o**-ra (sa-le), **ye**-ga*

Is everything included?
¿Está todo incluido?
*es-**ta to**-do een-kloo-**ee**-do*

TRIPS AND EXCURSIONS

What is the oldest building?
¿Cuál es el edifio más antigüo?
*kwal es el e-dee-**fee**-thee-o mas an-**tee**-gwo*

Can you recommend an excursion?
¿Podría recomendar una excursión?
*po-**dree**-a re-ko-men-**dar** oo-na ek-skoor-**syon***

Where does it go from?
¿A dónde va?
*a **don**-day ba*

How much is the tour?
¿Cuánto cuesta el tour?
***kwan**-to **kwes**-ta el toor*

Is there a family ticket?
¿Hay billetes familiares?
*a-ee bee-**ye**-tes fa-mee-lee-**ar**-es*

Is there a senior citizens' concession?
¿Hay descuentos para jubilados?
*a-ee des-**kwen**-tos **pa**-ra hu-bee-**la**-dos*

Is lunch included?
¿Está la comida incluida?
*es-**ta** la ko-**mee**-da een-kloo-**ee**-da*

TRIPS AND EXCURSIONS

Will the coach call at the ... hotel?
¿Tiene parada el autobús en el hotel ...?
*tee-**e**-ne pa-**ra**-da el ow-to-**boos** en el o-**tel** ...*

At what time (does it start)?
¿A qué hora (comienza)?
*a kay **o**-ra (ko-mee-**en**-tha)*

At what time ... does it open (close)?
¿A qué hora ... abre (cierra)?
*a kay **o**-ra ... **a**-bray (thee-**e**-ra)*

... will it be back
... vendrá de vuelta
*... ben-**dra** day **bwel**-ta*

Is ... open on Sundays (Mondays)?
¿... abre los domingos (lunes)?
*... **a**-bray los do-**meen**-gos (**loo**-nes)*

How far is it to ...?
¿Cómo de lejos está ...?
***ko**-mo day **le**-hos es-**ta** ...*

Is there a (train), coach, bus?
¿Hay un (tren) autobús?
*a-**ee** oon (tren) ow-to-**boos***

TRIPS AND EXCURSIONS

How long does it take (by car)?
¿Cuánto se tarda (en coche)?
kwan-to se tar-da (en ko-chay)

so-lo keen-they mee-noo-tos
Solo quince minutos
Only about 15 minutes

Is it easy to park?
¿Es fácil aparcar?
es fa-ceel a-par-kar

Is there a scenic route to ...?
¿Hay una ruta turística a ...?
a-ee oo-na roo-ta too-rees-tee-ka a

Is it safe to swim?
¿No hay peligro en nadar?
no a-ee pe-lee-gro en na-dar

I would like to reserve a seat for tonight
Quisiera reservar una plaza para esto noche
kee-see-e-ra re-ser-var oo-na pla-tha pa-ra es-ta no-chay

WHERE TO STAY

Types of accommodation

luxury, first (second)-class
lujo, primera (segunda)-clase
Loo-ho, pree-me-ra (se-goon-da)-kla-say

motel, country inn
motel, casa rural
*mo-**tel**, **ka**-sa roo-**ral***

third, fourth class
tercera, cuarta clase
*ter-**the**-ra, **kwar**-ta **kla**-say*

pension, youth hostel
pensión, albergue juvenil
*pen-**syon**, al-**bair**-ge hoo-be-**neel***

I have a reservation
Tengo una reserva
***ten**-go **oo**-na re-**sair**-ba*

Here is the confirmation
Ésta es la confirmación
es**-ta es la kon-feer-ma-**thyon

YOUR ROOM – BOOKING IN

Have you any rooms?
¿Tienen habitaciones?
*tee-**e**-nen a-bee-ta-**thyon**-es*

I'd like a (double)-bedded room
Quisiera una habitación (doble)
*kee-see-**e**-ra **oo**-na a-bee-ta-**thyon** (**do**-blay)*

... single, twin, family
... individual, contiguas, familiar
*... een-dee-bee-**dwal**, kon-**tee**-gwas, fa-mee-**lyar***

... (with) without balcony, bath, sea view
... (con) sin balcón, baño, vistas al mar
*... (kon) seen bal-**kon**, **ban**-yo, **bees**-tas al mar*

... shower, toilet, running water
... ducha, servicio, agüa corriente
*... **doo**-cha, sair-**bee**-thee-o, **a**-gwa ko-ree-**en**-tay*

Is there (air conditioning)?
¿Tiene aire acondicionado?
*tee-**e**-ne a-**ee**-re a-kon-dee-thyon-**a**-do*

... heating, a phone, radio, television
... calefacción, radio, televisión
*... ka-le-fak-**thyon**, **ra**-dee-o, te-lay-bee-**syon***

YOUR ROOM – BOOKING IN

I'd like to make a reservation
Quisiera hacer una reserva
*kee-see-**e**-ra a-**ther** **oo**-na re-**sair**-ba*

... just for tonight
... esta noche nada más
*... **es**-ta **no**-chay **na**-da mas*

... for (two), three, four nights
... por (dos), tres, cuatro noches
*... por (dos), tres, **kwa**-tro **no**-chays*

It must be (quiet)
Que sea (tranquila)
*kay **say**-a (tran-**kee**-la)*

... facing the sea
... con vistas al mar
*... kon **bees**-tas al mar*

... at the (back), front
... en la parte de (atrás), delante
*... en la **par**-te day (a-**tras**), day-**lan**-te*

Show me the calendar
Podría mostrarme el calendario
*po-**dree**-a mos-**trar**-me el ka-len-**da**-ree-o*

Your room – Booking in

Is there a restaurant?
¿Tienen restaurante?
*tee-**e**-nen re-sto-**ran**-tay*

Is there room service?
¿Tienen servicio de habitaciones?
*tee-**e**-nen sair-**bee**-thee-o day a-bee-ta-**thyon**-nes*

Do you have laundry service?
¿Tienen servicio de lavandería?
*tee-**e**-nen sair-**bee**-thee-o day la-ban-de-**ree**-a*

How much is it per (night), person?
¿Cuánto cuesta por (noche), persona?
***kwan**-to **kwes**-ta por (**no**-chay), per-**so**-na*

... at the weekly rate
... con la tarifa semanal
*... kon la ta-**ree**-fa se-ma-**nal***

... (full), half pension
... (completa), media pensión
*... (kom-**ple**-ta), **me**-dee-a pen-**syon***

Does the price include breakfast?
¿Está el desayuno incluido en el precio?
*es-**ta** el des-a-**yoo**-no een-kloo-**ee**-do en el pre-thee-o*

YOUR ROOM – BOOKING IN

Here is my passport
Mi pasaporte
*mee pa-sa-**por**-tay*

This is all I have
Ésto es todo lo que tengo
***es**-to es **to**-do lo kay **ten**-go*

My luggage is in the car
Mi equipaje está en el coche
*mee e-kee-**pa**-hay es-**ta** en el **ko**-chay*

Do you have a car park
¿Tienen aparcamiento?
*tee-**e**-nen a-par-ka-**myen**-to*

Which floor is my room on?
¿En qué piso está mi habitación?
*en kay **pee**-so es-**ta** mee a-bee-ta-**thyon***

Can I pay with this credit card?
¿Puedo pagar con esta tarjeta de crédito?
***pwe**-do pa-**gar** kon **es**-ta tar-**he**-ta day **kre**-dee-to*

Can you suggest another hotel?
¿Podría sugerirnos otro hotel?
*po-**dree**-a soo-he-**reer**-nos **o**-tro o-**tel***

BOOKING IN ADVANCE

Dear Sirs,
I should like to book a (single, double, twin) room with (without) (bath, shower, toilet, running water, balcony, [sea] view) from (date) until (date) inclusive. Please can you confirm the booking and the price (on the following fax number) to the above address by return of post. Thank you for your help.

Yours faithfully

Muy Sr Mio:
Quisiera reservar una habitación (individual, doble, contigua) con (sin) (baño, ducha, inodoro, agua corriente, balcón, vistas [al mar]) desde (fecha) al (fecha) inclusives. Le agradecería me confirmara la reserva y la tarifa (en el siguiente número de fax) a la siguiente dirección) a vuelta de correo.
Muy agradecido,

le saluda atentamente

CAMPING

Is there a camp site near here?
¿Hay algún camping cercano?
*a-**ee** al-**goon** **kam**-peen thair-**ka**-no*

Is this an authorised camp site?
¿Es éste un camping autorizado?
*es **es**-te oon **kam**-peen ow-to-ree-**tha**-do*

Can we park our caravan here?
¿Podemos aparcar la caravana aquí?
*po-**de**-mos a-par-**kar** la ka-ra-**ba**-na a-**kee***

May we camp here?
¿Podemos acampar aquí?
*po-**de**-mos a-kam-**par** a-**kee***

Can we camp in your field?
¿Podemos acampar en su campo / terreno?
*po-**de**-mos a-kam-**par** en soo **kam**-po / te-**re**-no*

Can we hire a tent?
¿Podemos alquilar una tienda?
*po-**de**-mos al-kee-**lar** **oo**-na tee-**en**-da*

How much per (day) (week)?
¿Cuánto es por (día) (semana)?
***kwan**-to es por (**dee**-a) (se-**ma**-na)*

CAMPING

Is the VAT included?
¿Incluye el IVA?
*een-**kloo**-ye el **ee**-ba*

Do we pay in advance?
¿Tenemos que pagar por adelantado?
*te-**ne**-mos kay pa-**gar** por a-de-lan-**ta**-do*

Do we pay when we leave?
¿Pagamos al irnos?
*pa-**ga**-mos al **eer**-nos*

Are there (toilets), showers?
¿Hay (servicios), duchas?
*a-**ee** (sair-**bee**-thee-os), **doo**-chas*

Is there electricity?
¿Hay electricidad?
*a-**ee** e-lec-tree-cee-**dad***

Is there drinking water?
¿Hay agüa potable?
*a-**ee** **a**-gwa po-**ta**-blay*

May we light a fire?
¿Podemos encender una hoguera?
*po-**de**-mos en-then-**der** **oo**-na o-**gay**-ra*

CAMPING

Where can I buy paraffin?
¿Dónde puedo comprar parafina?
don-day *pwe*-do kom-*prar* pa-ra-*fee*-na

Where can I buy butane gas?
¿Dónde puedo comprar gas butano?
don-day *pwe*-do kom-*prar* gas boo-*ta*-no

Is there a shop (on the site)?
¿Hay una tienda (local)?
a-*ee* *oo*-na tee-*en*-da (lo-*kal)*

How far is it to the village?
¿A cuánto está el pueblo?
a *kwan*-to es-*ta* el *pwe*-blo

Is there a short cut?
¿Hay un atajo?
a-*ee* oon a-ta-*ho*

What is the hire charge for a tent?
¿Cuánto cuesta alquilar una tienda?
kwan-to *kwes*-ta al-kee-*lar* *oo*-na tee-*en*-da

What is the hire charge for a caravan?
¿Cuánto cuesta alquilar una caravana?
kwan-to *kwes*-ta al-kee-*lar* *oo*-na ka-ra-*ba*-na

CAMPING

air mattress (Lilo)
colchoneta
*col-cho-**ne**-ta*

bucket
balde
***bal**-day*

camp bed
cama plegable
***ka**-ma ple-**ga**-blay*

camp chair
silla plegable
***see**-ya ple-**ga**-blay*

fly sheet
doble techo
***do**-ble **te**-cho*

ground sheet
sábana bajera
***sa**-ba-na ba-**he**-ra*

mallet
mazo
***ma**-tho*

rope
cuerda
*koo-**er**-da*

sleeping bag
saco de dormir
sa**-ko day dor-**meer

stove
hornilla
*or-**nee**-ya*

tent
tienda
*tee-**en**-da*

tent peg
clavija
*kla-**bee**-ha*

thermos flask
termo
***tair**-mo*

torch
linterna
*leen-**tair**-na*

NEEDS AND PROBLEMS IN THE ROOM

I wish to change my room
Quisiera cambiarme de habitación
*kee-see-**e**-ra kam-bee-**ar**-me de a-bee-ta-**cyon***

There is no (soap), toilet paper
No hay (jabón), papel de baño
*no a-**ee** (ha-**bon**), pa-**pel** day **ban**-yo*

(hot) water
agua (caliente)
***a**-gwa (ka-lee-**en**-tay)*

plug in my washbasin
tapón en el lavabo
*ta-**pon** en el la-**ba**-bo*

The washbasin is blocked
Se ha atascado el lavabo
*se a a-tas-**ka**-do el la-**ba**-bo*

There are no towels
No hay toallas
*no a-**ee** to-**a**-yas*

These sheets are dirty
Las sábanas están sucias
*las **sa**-ba-nas es-**tan soo**-thee-as*

Needs and Problems in the Room

The curtains are stuck
Las cortinas no corren
*las kor-**tee**-nas no **ko**-ren*

The window (shutter) is jammed
La ventana (postigo) se ha atascado
*la ben-**ta**-na (po-**stee**-go) se a a-tas-**ka**-do*

May I have (more hangers) ...?
¿Podría darme (más perchas) ...?
*po-**dree**-a **dar**-may (mas **per**-chas) ...*

... another blanket (pillow)
... otra manta (almohada)
*... **o**-tra **man**-ta (al-mo-**a**-da)*

The ... doesn't work
El ... no funciona
*el ... no foon-**thyo**-na*

... (fan), radio
... (ventilador), radio
... (ben-tee-la-dor), ra-dee-o

... television, air conditioning
... televisión, aire acondicionado
*... te-le-bee-syon, a-**ee**-ray a-kon-dee-thyo-**na**-do*

112

Needs and problems in the room

The door will not lock
La puerta no se cierra
*la poo-**er**-ta no se cee-**er**-ra*

The toilet won't flush
La cadena del inodoro no funciona
*la ka-**de**-na del ee-no-**do**-ro no foon-**thyo**-na*

The bulb is burned out
Se ha fundido la bombilla
*se a foon-**dee**-do la bom-**bee**-ya*

Can the heating (air conditioning) ...?
¿Podrían ... la calefacción (el aire acondicionado)?
*po-**dree**-an ... la ka-le-fak-**thyon** (el a-**ee**-ray a-kon-dee-thyo-**na**-do)*

... be turned (up), down, off
... subir, bajar, apagar
*... soo-**beer**, ba-**har**, a-pa-**gar***

Is there a shaver point?
¿Hay un enchufe para la maquina de afeitar?
*a-**ee** oon en-**choo**-fe **pa**-ra la **ma**-kee-na day a-fe-**ee**-tar*

Reception / Porter / Concierge

Is the hotel ...?
¿Permanece el hotel ...?
*per-ma-**ne**-thay el o-**tel** ...*

... open all night
... abierto toda la noche
*... a-bee-**er**-to **to**-da la **no**-chay*

When does it close?
¿A qué hora cierra?
*a kay **o**-ra thee-**e**-ra*

Is there a garage?
¿Hay garaje?
*a-**ee** ga-**ra**-hay*

Where is the (dining room) ...?
¿Dónde está el (comedor) ...?
***don**-day es-**ta** el (ko-may-**dor**) ...*

... bathroom
... cuarto de baño
*... **kwar**-to day **ban**-yo*

... emergency exit
... salida de emergencia
*... sa-**lee**-da day e-mer-**hen**-thee-a*

RECEPTION / PORTER / CONCIERGE

At what time is (breakfast) ...?
¿A qué hora es el (desayuno) ...?
*a kay **o**-ra es el des-a-**yoo**-no ...*

... lunch, dinner
... comida, cena
*... ko-**mee**-da, **the**-na*

Could you put a cot ...?
¿Podrían poner una cuna ...?
*po-**dree**-an po-**ner oo**-na **koo**-na ...*

... in the room, please
... en la habitación, por favor
*... en la a-bee-ta-**thyon**, por fa-**bor***

Can you find me a ...?
¿Podría buscarme un ...?
*po-**dree**-a boos-**kar**-may oon*

Can we have ... in our room?
¿Podemos tener el ... en nuestra habitación?
*po-**de**-mos te-**ner** el ... en noo-**es**-tra a-bee-ta-**thyon***

...lunch, dinner, a snack
... comida, cena, un aperitivo
*... ko-**mee**-da, **the**-na, oon a-pe-ree-**tee**-bo*

115

Reception / Porter / Concierge

My key, please
Mi llave, por favor
*mee **ya**-bay, por fa-**bor***

What's the voltage?
¿Cuánto es el voltaje?
***kwan**-to es el bol-**ta**-hay*

I'd like to leave this in your safe
Quisiera dejar ésto en la caja fuerte
*kee-see-**e**-ra day-**har es**-to en la **ka**-ha **fwer**-tay*

Please wake me at ...
Por favor, despiérteme a las ...
*por fa-**bor**, des-**pyair**-tay-may a las ...*

Are there any messages for me?
¿Hay algún mensaje para mi?
*a-**ee** al-**goon** men-**sa**-hay **pa**-ra mee*

We'll be leaving around mid-day
Nos iremos al mediodía
*nos ee-**re**-mos al me-dee-o-**dee**-a*

I'm leaving early in the morning
Me voy mañana temprano
*me boy man-**ya**-na tem-**pra**-no*

CHILDCARE

Can you warm this milk for me?
¿Puede calentar la leche?
*poo-**e**-de ka-len-**tar** la **le**-che*

Do you have a high chair?
¿Tiene una silla para niños?
*tee-**e**-ne **oo**-ne **see**-ya **pa**-ra **nee**-nyes*

My daughter / son is ...
mi hija / hijo tiene ...
*mee **ee**-ha / **ee**-ho tee-**e**-ne ...*

... 7 years old
... siete años
*... see-**e**-tay **an**-yos*

How old is your daughter / your son?
¿Cuántos años tiene tu hija / hijo?
*koo-**an**-tos **an**-yos tee-**e**-ne too **ee**-ha / **ee**-ho*

I am sorry. He was very naughty.
Lo siento. Es muy travieso
*lo see-**en**-to. es moo-ee tra-bee-**e**-so*

It will not happen again.
No volverá a pasar
*no bol-bee-**ra** a pa-**sar***

CHILDCARE

She goes to bed at eight o'clock
se va a la cama a las ocho
*se ba a la **ka**-ma a las **o**-cho*

Is there a baby-sitter?
¿Hay algún canguro?
*a-ee al-**gun** kan-**goo**-ro*

a cot, a paddling pool
una cuna, una piscina portatil
*oo-na **koo**-na, oo-na pees-**thee**-na por-**ta**-teel*

a swimming pool, a swing park
una piscina, un parque de bebé
*oo-na pees-**thee**-na, oon **par**-kay de be-**be***

Where can I buy disposable nappies?
¿Dónde puedo comprar pañales?
***don**-de poo-**e**-do kom-**prar** pa-**nya**-les*

Where can I change the baby?
¿Dónde puedo cambiar al niño?
***don**-de poo-**e**-do kam-bee-**ar** al **nee**-nyo*

Where can I feed / breastfeed my baby?
¿Dónde puedo dar de comer / de pecho al?
***don**-de poo-**e**-do dar de ko-mer / de **pe**-cho al **nee**-nyo*

ROOM SERVICE

I'd like breakfast ...
Quisiera el desayuno ...
*kee-see-**e**-ra el des-a-**yoo**-no ...*

... in my room
.. en mi habitación
*.. en mee a-bee-ta-**thyon***

May I see the menu (wine list)?
¿Podría ver el menú (la lista de vinos)?
*po-**dree**-a bair el me-**noo** (la **lees**-ta day **bee**-nos)*

Is there a set menu?
¿Tienen menú del día?
*tee-**e**-nen me-**noo** del **dee**-a*

... vegetarian, vegan
... vegetariano, vegano
*... be-he-ta-ree-**a**-no, be-**ga**-no*

I just want something light
Algo ligero
***al**-go lee-**he**-ro*

I'm on a diet (diabetic)
Estoy a regimen (diabético)
*es-**toy** a **ray**-hee-men (dee-a-**be**-tee-co)*

SELF-CATERING

Can I walk to the shops?
¿Hay tiendas cercanas?
*a-**ee** tee-**en**-das thair-**ka**-nas*

How far is it?
¿Cómo de lejos está?
ko**-mo day **le**-hos es-**ta

How long does it take?
¿Cuánto se tarda?
***kwan**-to say **tar**-da*

Is there a market nearby?
¿Hay un mercado cercano?
*a-**ee** oon mer-**ka**-do thair-**ka**-no*

Can I buy fresh (bread) ... there?
¿Puedo comprar (pan) fresco ... alli?
pwe**-do kom-**prar** (pan) **frays**-ko ... a-**yee

May I help myself?
¿Puedo servirme?
***pwe**-do sair-**beer**-may*

I'd like (6 eggs) ...
Quisiera (seis huevos) ...
*kee-see-**e**-ra (says **way**-bos) ...*

SELF-CATERING

... a litre of milk ...
... un litro de leche ...
... *oon **lee**-tro day **le**-chay* ...

... some bread, cheese ...butter, garlic
... algo de pan, queso ...mantequilla, ajo
... ***al**-go day pan, **ke**-so ...man-tay-**kee**-ya, **a**-ho*

... 100 grammes of ... a (half) kilo of ...
... cien gramos de ... (medio) kilo de ...
... *thee-**en** **gra**-mos day...(**me**-dee-o) **kee**-lo day*

... 250g of ...
... Doscientos cincuenta gramos de ...
... *dos-thee-**en**-tos theen-**kwen**-ta **gra**-mos day* ..

... fish, fruit, meat, vegetables
... pescado, fruta, carne, verdura
... *pes-**ka**-do, **froo**-ta, **kar**-nay, bair-**doo**-ra*

I'll have one of those
Uno de esos
***oo**-no day **e**-sos*

... 8 slices of ham
... ocho lonchas de jamón
... *o-cho **lon**-chas day ha-**mon***

Around the House

bath
bañera
ban-ye-ra

bathroom
cuarto de bano
***kwar**-to day **ban**-yo*

bed
cama
***ka**-ma*

brush
cepillo
*the-**pee**-yo*

bucket
cubo
***koo**-bo*

chair
silla
***see**-ya*

cooker
cocina
*ko-**thee**-na*

corkscrew
sacacorchos
*sa-ka-**kor**-chos*

cup
taza
***ta**-tha*

fork
tenedor
*te-ne-**dor***

frying pan
sartén
*sar-**ten***

glass
vaso
***ba**-so*

kitchen
cocina
*ko-**thee**-na*

knife
cuchillo
*koo-**chee**-yo*

AROUND THE HOUSE

matches
cerillas
*the-**ree**-yas*

mirror
espejo
*es-**pe**-ho*

pan, plate
sartén, plato
***sar**-ten, **pla**-to*

refrigerator
frigorífico
*free-go-**ree**-fee-ko*

sheet
sábana
***sa**-ba-na*

sink
fregadero
*fre-ga-**dair**-o*

sleeping bag
saco de dormir
sa**-ko de dor-**meer

spoon
cuchara
*coo-**cha**-ra*

table
mesa
***may**-sa*

tin opener
abrelatas
*a-bray-**la**-tas*

toilet
inodoro
*een-o-**do**-ro*

torch
linterna
*leen-**ter**-na*

vacuum cleaner
aspirador
*as-pee-ra-**dor***

washbasin
lavabo
*la-**ba**-bo*

CHECKING OUT

I must go right away
He de irme de inmediato
*e de **eer**-me de een-me-dee-**a**-to*

Can you make up my bill?
¿Podría prepararme la cuenta?
*po-**dree**-a pre-pa-**rar**-me la **kwen**-ta*

Is everything included?
¿Está todo incluido?
*es-**ta to**-do een-kloo-**ee**-do*

What is this amount for?
¿A qué corresponde esta cantidad?
*a kay ko-rays-**pon**-day **es**-ta kan-tee-**dad***

Can I pay with this credit card?
¿Puedo pagar con esta tarjeta de crédito?
***pwe**-do pa-**gar** kon **es**-ta tar-**he**-ta day **kre**-dee-to*

Thank you for a very pleasant stay
Muchas gracias por una estancia
tan agradable
***moo**-chas **gra**-thee-as por **oo**-na es-**tan**-thee-a tan a-gra-**da**-blay*

CHANGING MONEY

Where's the nearest (bank) ...?
¿Dónde está el (banco) más cercano ...?
***don**-day es-**ta** el (**ban**-ko) mas thair-**ka**-no*

... currency exchange office
... oficina de cambio de divisas
*... o-fee-**thee**-na day **kam**-bee-o day dee-**bee**-sas*

I want to change some (pounds, dollars)
Quisiera cambiar (libras, dólares)
*kee-see-**e**-ra kam-**byar** (**lee**-bras, **do**-la-rays)*

Do you change travellers' (Euro)cheques?
¿Aceptan (euro) cheques de viaje?
*a-**thep**-tan (e-**oo**-ro) **che**-kays day bee-**a**-hay*

Will you take (a personal cheque) ...?
¿Aceptaría un (cheque nominativo) ...?
*a-thep-ta-**ree**-a oon (che-kay no-mee-na-**tee**-bo)*

... this credit card
... esta tarjeta de crédito
*... **es**-ta tar-**he**-ta day **kre**-dee-to*

I have a bank card
Tengo una tarjeta bancaria
***ten**-go **oo**-na tar-**he**-ta ban-**ka**-ree-a*

CHANGING MONEY

What's (the exchange rate) ...?
¿A cuánto está (el tipo de cambio) ...?
*a **kwan**-to es-**ta** (el **tee**-po day **kam**-bee-o*

... your commission
... su comisión
*... soo ko-mee-**syon***

Can you give me ... notes, some change?
¿Podría darme ... billetes, suelto?
*po-**dree**-a **dar**-may ... bee-**ye**-tays, **swel**-to*

Can you telex my bank ...?
¿Podría enviar un telex a mi banco ...?
*po-**dree**-a en-bee-**ar** oon **te**-leks a mee **ban**-ko*

I'm expecting some money from ...
Espero un envío de dinero de ...
*es-**pay**-ro oon en-**bee**-o day dee-**ne**-ro day*

... Australia, Canada
... Australia, Canada
*... ow-**stra**-lee-a, Ka-na-**da***

Has it arrived?
¿Ha llegado?
*a ye-**ga**-do*

AT THE CHEMIST'S

Where's the nearest ... chemist?
¿Dónde está la farmacia ... más cercana?
***don**-day es-**ta** la far-**ma**-thee-a ... mas thair-**ka**-na*

... all-night ...
... de guardia ...
*... day **gwar**-dee-a ...*

Can you make up this prescription?
¿Podría prepararme esta receta?
*po-**dree**-a pre-pa-**rar**-may **es**-ta re-**thay**-ta*

Can I get this without a prescription?
¿Puedo comprar ésto sin receta?
***pwe**-do kom-**prar es**-to seen re-**thay**-ta*

I want some baby food ...
Quiero comida para bebés ...
*kee-**e**-ro ko-**mee**-da **pa**-ra be-**bays** ...*

... a dummy ...
... un tranquilizante ...
*... oon tran-kee-lee-**than**-tay ...*

... a feeding bottle, some nappies
... un biberón, pañales
*... bee-be-**ron**, pan-**ya**-les*

127

AT THE CHEMIST'S

Can you give me something for ...?
¿Podría darme algo para ...?
*po-**dree**-a **dar**-may **al**-go **pa**-ra*

... constipation, diarrhoea
... estreñimiento, diarrea
*... es-tren-yee-**myen**-to, dee-a-**ray**-a*

... headache, indigestion
... dolor de cabeza, indigestión
*... do-**lor** day ka-**bay**-tha, een-dee-hes-**tyon***

... insect bites
... picaduras de insectos
*... pee-ka-**doo**-ras day een-**sek**-tos*

... sunburn ... travel sickness
... quemaduras ... mareo de viaje
*... ke-ma-**doo**-ras ... ma-**ray**-o day bee-**a**-he*

... upset stomach
... estómago revuelto
*... es-**to**-ma-go ray-**bwel**-to*

Are they safe for children to take?
¿Los niños pueden tomarlas sin riesgo?
*los **neen**-yos **pwe**-den tom-**mar**-las seen ree-**ez**-go*

TOILETRIES

aftershave
loción para después del afeitado
*lo-**thyon** **pa**-ra des-**pwes** del a-**fay**-tar-do*

antiseptic
antiséptico
*an-tee-**sep**-tee-ko*

aspirin
aspirina
*a-spee-**ree**-na*

bandage
vendaje
*ben-**da**-hay*

bubble bath
espuma de baño
*es-**poo**-ma day **ban**-yo*

cleansing milk
leche limpiadora
***le**-chay leem-pya-**do**-ra*

cologne
colonia
*ko-**lon**-ya*

a comb
un peine
*oon pe-**ee**-ne*

contraceptive
anticonceptivo
*an-tee-kon-thep-**tee**-bo*

cotton wool
algodón hidrófilo
*al-go-**don** ee-**dro**-fee-lo*

deodorant
desodorate,
*des-o-do-**ran**-tay*

disinfectant
desinfectante
*des-een-fek-**tan**-tay*

ear drops
gotas para los oídos
***go**-tas pa-ra los o-**ee**-dos*

TOILETRIES

eye shadow
sombra de ojos
som-bra day o-hos

a hairbrush
un cepillo del pelo
oon the-pee-yo del pe-lo

hair pin
horquilla
or-kee-ya

hair spray
laca para el cabello
la-ka pa-ra el ka-be-yo

lip salve
cacao de labios
ka-ka-o day la-bee-os

lipstick
barra de labios
ba-ra day la-bee-os

mascara
rímel
ree-mel

moisturiser
crema hidratante
*kray-ma
ee-dra-tan-tay*

mouthwash
antiséptico bucal
*an-tee-sep-tee-ko
boo-kal*

nail (varnish) ...
(esmalte) de uñas ...
*(es-mal-tay) de
oon-yas*

... remover
... acetona
... a-ce-to-na

perfume
perfume
pair-foo-may

powder
polvos
pol-bos

TOILETRIES

a razor
una cuchilla
*koo-**chee**-ya*

some razor blades
hojas de afeitar
***o**-has day a-**fay**-tar*

safety pins
imperdibles
*eem-per-**dee**-bles*

shampoo
champú
*cham-**poo***

shaving cream
espuma de afeitar
*es-**poo**-ma day a-**fay**-tar*

sticking plasters
tiritas
*tee-**ree**-tas*

sun cream
crema protectora
***kray**-ma pro-tek-**to**-ra*

talcum powder
polvos de talco
pol-bos day tal-ko

tampons
tampones
tam-po-nays

tissues (Kleenex)
kleenex
klee-neks

toilet paper
papel de baño
*pa-**pel** day **ban**-yo*

toothbrush
cepillo de dientes
*thay-**pee**-yo day dee-**en**-tes*

toothpaste
pasta de dientes
***pas**-ta day dee-**en**-tes*

CLEANING CLOTHES

Where is the nearest ...?
¿Dónde está la ... más cercana ...?
don-day es-*ta* la ... mas thair-*ka*-na

... launderette / laundry, dry cleaner
... lavandería, tintorería
... la-ban-day-*ree*-a, teen-to-ray-*ree*-a

How does the washing machine work?
¿Cómo funciona la lavadora?
ko-mo foon-*thyo*-na la la-ba-*do*-ra

I'd like these clothes ...
Quisiera ... esta ropa
kee-see-e-ra ... es-ta ro-pa

... to be cleaned, pressed, washed
... limpiar, planchar, lavar
... leem-pee-*ar*, plan-*cha*, la-*bar*

Can you clean this shirt?
¿Me puede limpiar esta falda?
may *pwe*-day leem-*pyar* es-ta *fal*-da

Can you do it quickly?
¿Puede hacerlo rápidamente?
pwe-day a-*thair*-lo ra-pee-da-*men*-tay

CLEANING CLOTHES

Can you get out this stain ...?
¿Podrán sacar esta mancha ...?
*po-**dran** sa-**kar** es-ta **man**-cha*

... it's coffee, fruit juice, grease, wine
... de café, zumo, grasa, vino
*... day ka-**fay**, **thoo**-mo, **gra**-sa, **bee**-no*

There's a hole in this ...
Hay un roto en este ...
*a-**ee** oon **ro**-to en **es**-te*

Do you do invisible mending?
¿Me harían un remendado escondido?
*may a-**ree**-an oon re-men-**da**-do es-kon-**dee**-do*

Is my laundry ready?
¿Está lista mi colada?
*es-**ta lees**-ta mee ko-**la**-da*

When will they be ready?
¿Cuándo estarán listas?
***kwan**-do es-ta-**ran lees**-tas*

Please, send it to this address
Por favor, envíelo a esta dirección
*por fa-**bor**, en-bee-**ay**-lo a **es**-ta dee-rek-**thyon***

133

CLEANING CLOTHES

I need them by (tonight) ...
Las necesito para (esta noche) ...
*las ne-thay-**see**-to **pa**-ra (**es**-ta **no**-chay)*

... tomorrow, before ...
... mañana, antes ...
*... man-**ya**-na, **an**-tays*

This isn't mine
Ésto no es mío
***es**-to no es **mee**-o*

There's something missing
Falta algo
***fal**-ta **al**-go*

This is torn
Esto esta estropeado
***es**-to es-**ta** e-stro-pay-**a**-do*

There's a button missing
Falta un botón
fal**-ta oon bo-**ton

Can you sew on this button?
¿Podría coserme este botón?
*po-**dree**-a ko-**sair**-may **es**-te bo-**ton***

BUYING CLOTHES

I want something for ...
Quisiera algo para ...
*kee-see-**e**-ra **al**-go **pa**-ra ...*

... a ten-year-old boy / girl
... un niño / niña de diez años
*... oon **neen**-yo / **neen**-ya day dee-**eth an**-yos*

... him / her, to match this
... él / ella, que vaya a juego con ésto
*... el / **e**-ya, kay **ba**-ya a hoo-**e**-go kon **es**-to*

I like (the one in the window) ...
Me gusta (el del escaparate) ...
*may **goos**-ta (el del es-ka-pa-**ra**-tay)*

Have you anything in ...
Tienen algo en ...
*tee-**e**-nen **al**-go en*

... the same colour as this
... el mismo color que ésto
*... el **mees**-mo ko-**lor** kay **es**-to*

... wool, cotton, silk, leather
... lana, algodón, seda, cuero
*... **la**-na, al-go-**don**, **say**-da, **kwair**-o*

BUYING CLOTHES

I'd like something ...
Quisiera algo ...
*kee-see-**e**-ra **al**-go*

... darker, lighter
... más oscuro, más claro
*... mas os-**koo**-ro, mas **kla**-ro*

... thicker, thinner
... más grueso, más delgado
*... mas groo-**e**-so, mas del-**ga**-do*

It's too ...
Es demasiado ...
*es de-ma-see-**a**-do*

... long, short, loose, tight
... alto, bajo, suelto, apretado
*... **al**-to, **ba**-ho, **swel**-to, a-pray-**ta**-do*

Where's the fitting room?
¿Dónde están los probadores?
***don**-day es-**tan** los pro-ba-**do**-res*

Do you have the same (in beige)?
¿Tienen el mismo (en beige)?
*tee-**e**-nen el **mees**-mo (en bays)*

GARMENTS

belt
cinturón
*then-too-**ron***

blouse
blusa
*bloo-**sa***

bra
subjetador
*soo-he-ta-**dor***

bracelet
pulsera
*pool-**say**-ra*

brooch
broche
***bro**-chay*

button
botón
*bo-**ton***

cardigan
rebeca
*re-**bay**-ka*

coat
abrigo
*a-**bree**-go*

corduroy
pana
***pa**-na*

denim
tela vaquera
***tay**-la ba-**kair**-a*

dress
vestido
*be-**stee**-do*

dungarees
pantalon de peto
*pan-ta-**lon** day **pay**-to*

earrings
pendientes
*pen-dee-**en**-tes*

fur
piel
pyel

GARMENTS

gloves
guantes
gwan-tes

handbag
bolso
bol-so

handerchief
pañuelo
pan-yoo-ay-lo

hat
sombrero
som-brair-o

jacket
cazadora
ka-tha-do-ra

jeans
vaqueros
ba-kair-os

jersey
jersey
hair-say

lace
encaje
en-ka-hay

leather
cuero
kwair-o

linen
lino
lee-no

necklace
collar
ko-yar

night-dress
camisón
ka-mee-son

panties
bragas
bra-gas

pullover
pulóver
poo-lo-bair

GARMENTS

purse
monedero
*mo-ne-**dair**-o*

pyjamas
pijama
*pee-**ha**-ma*

raincoat
impermeable
*eem-pair-may-**a**-blay*

ring
anillo
*a-**nee**-yo*

scarf
bufanda
*boo-**fan**-da*

shirt
camisa
*ka-**mee**-sa*

shoes
zapatos
*tha-**pa**-tos*

shorts
pantalón corto
*pan-ta-**lon** **kor**-to*

silk
seda
***say**-da*

skirt
falda
***fal**-da*

slip
enagua
*e-**na**-gwa*

stockings
medias
***me**-dee-as*

suit (men's) ...
traje ...
***tra**-hay ...*

... (women's)
... de chaqueta
*... day cha-**kay**-ta*

GARMENTS

sweater
suéter
swe-tair

swimming trunks
bañador
ban-ya-dor

T-shirt
camiseta
ka-mee-say-ta

tie
corbata
kor-ba-ta

tights
medias
me-dee-as

towel
toalla
to-a-ya

trousers
pantalón
pan-ta-lon

umbrella
paraguas
pa-ra-gwas

velvet
terciopelo
tair-thee-o-pe-lo

vest
camiseta
ka-mee-say-ta

wallet
cartera
kar-tair-a

watch
reloj
re-loh

wool
lana
la-na

zip
cremallera
kre-ma-yair-a

CLOTHES SIZES

Women – dresses, suits

UK	8	10	12	14	16	18	20	22	24	26
Eur	34	36	38	40	42	44	46	48	50	52

Men – suits, overcoats

UK	36	38	40	42	44	46	48	50	52
Eur	46	48	50	52	54	56	58	60	62

Women – stockings

UK	8	8½	9	9½	10	10½
Eur	0	1	2	3	4	5

and shoes

UK	4½	5	5½	6	6½	7	7½
Eur	37	38	39	39/40	40	41	41/42

Men – shoes

UK	6	7	8	8½	9	9½	10	10½	11
Eur	39	41	42	43	43	44	45	46	46

Men – shirts

UK	14	14½	15	15½	16	16½	17	17½	18
Eur	36	37	38	39	41	42	43	44	45

Colours

beige
beige
***be**-ees*

black
negro
***ne**-gro*

blue
azul
*a-**thool***

brown
marrón
*ma-**ron***

gold
dorado
*do-**ra**-do*

green
verde
***bair**-day*

grey
gris
grees

orange
naranja
na-ran-ha

pink
rosa
***ro**-sa*

purple
púrpura
***poor**-poo-ra*

red
rojo
***ro**-ho*

silver
plateado
*pla-te-**a**-do*

white
blanco
***blan**-ko*

yellow
amarillo
*a-ma-**ree**-yo*

GIFTS AND SOUVENIRS

I'd like to buy a gift ...
Quisiera un regalo ...
*kee-see-**e**-ra oon re-**ga**-lo ...*

.. for my (self)
... para mi
... ***pa**-ra (mee)*

...father, mother, daughter
... padre, madre, hija
... *pa-dray, ma-dray, ee-ha*

... son, brother, sister, a friend
... hijo, hermano, hermana, un amigo
... *ee-ho, er-ma-no, er-ma-na, oon a-mee-go*

He / she likes ... (antiques)
Le gustan ... (las antigüedades)
*lay **goos**-tan ... (las an-tee-gwe-**da**-days)*

... ceramics, glass
... ceramica, cristaleria
... *the-**ra**-mee-ka, crees-ta-lee-**ree**-a*

... chocolate, cooking
... chocolate, cocinar
... *cho-ko-**la**-tay, ko-thee-**nar***

GIFTS AND SOUVENIRS

... computer games
... juegos de ordenador
... *hoo-**e**-gos day or-day-na-**dor***

... jewellery, knitwear, leather
... joyas, ropa de punto, cuero
... ***ho**-yas, **ro**-pa day **poon**-to, **kwair**-o*

... music CDs, books, posters
... CDs de música, libros, posters
... *the-**des** day **moo**-see-ka, **lee**-bros, **po**-sters*

... needlework, silk, silver
... cosido a mano, seda, plata
... *ko-**see**-do a **ma**-no, **say**-da, **pla**-ta*

... toys, teddy bears
... juguetes, peluches
... *hoo-**ge**-tes, pe-**loo**-chays*

... woodwork, wine
... trabajo en madera, vino
... *tra-**ba**-ho en ma-**day**-ra, **bee**-no*

(red, white, rosé)
(tinto, blanco, rosado)
*(**teen**-to, **blan**-ko, ro-**sa**-do)*

AT THE HAIRDRESSER'S

Where's the (best) ...?
¿Dónde está la (mejor) ...?
don-day es-ta la (me-hor)

... nearest, barber, hairdresser
... cercano, barbero, peluquería
... thair-ka-no, bar-bay-ro, pe-loo-kay-ree-a

Can I make an appointment for ...?
¿Podría pedir hora para el ...?
po-dree-a pe-deer o-ra pa-ra el

... this afternoon
... esta tarde
... es-ta tar-day

... tomorrow morning
... mañana por la mañana
... man-ya-na por la man-ya-na

... three o'clock today
... hoy a las tres
... o-ee a las tres

I'd like a haircut, please
Quisiera cortarme el pelo, por favor
kee-see-e-ra kor-tar-may el pe-lo, por fa-bor

At the hairdresser's

I want a trim
Quiero cortarme las puntas
kee-e-ro kor-tar-may las poon-tas

... I would like a perm
... Quisiera una permanente
kee-see-e-ra oo-na pair-ma-nen-tay

... a blow dry
... secar con secador
se-kar kon se-ka-dor

... a shampoo and set
un lavar y marcar
oon la-bar e mar-kar

... my hair coloured
... teñirme el pelo
... *ten-yeer-may el pe-lo*

Please use shampoo ...
Use champú, por favor ...
oo-say cham-poo, por fa-bor

... anti-dandruff, dry, normal, oily
... anti-caspa, seco, normal, graso
... *an-tee kas-pa, say-ko, nor-mal, gra-so*

AT THE HAIRDRESSER'S

I would like a conditioner
Quisiera un suavizante
*kee-see-**air**-ra oon swa-bee-**than**-tay*

The water is too (hot)
El agua está demasiado (caliente)
*el **a**-gwa es-**ta** de-ma-**sya**-do (ka-lee-**en**-tay)*

The dryer is too (cold)
El secador está demasiado (fría)
*el se-ka-**dor** es-**ta** de-ma-**sya**-do (**free**-a)*

Please set it (without rollers) ...
Por favor, márquelo (sin rulos) ...
*por fa-**bor**, **mar**-kay-lo (seen **roo**-los) ...*

... on (large), small rollers
... con rulos (grandes), pequeños
*... kon **roo**-los (**gran**-days), pe-**ken**-yos*

Please trim my ...
Por favor, córteme las puntas de ...
*por fa-**bor**, **kor**-tay-may las **poon**-tas day ...*

... beard, moustache, sideburns
... barba, bigote, patillas
*... **bar**-ba, bee-**go**-tay, pa-**tee**-yas*

AT THE HAIRDRESSER'S

I want it cut and shaped ...
Quiero cortármelo y marcarlo ...
*kee-**e**-ro kor-**tar**-may-lo ee mar-**kar**-lo*

... with a fringe
... con flequillo
*... kon fle-**kee**-yo*

... don't take off too much
... no quite demasiado
*... no **kee**-tay de-ma-see-**a**-do*

A little more off the ...
Quite un poco más de ...
***kee**-tay oon **po**-ko mas day ...*

... back, neck, sides, top
... detrás, cuello, lados, arriba
*... day-**tras**, **kwe**-yo, **la**-dos, a-**ree**-ba*

That's fine, thank you
Está bien, gracias
***es**-ta byen, **gra**-thee-as*

How much is that?
¿Cuanto es?
*koo-**an**-to es*

148

PHOTOGRAPHY

Have you a film cartridge, video cassette ...
Tiene un carrete, video cassette ...
*tee-**e**-ne oon ka-**re**-tay, **bee**-de-o ka-**se**-tay ...*

... for this camera, black and white
... para esta cámara, blanco y negro
*... **pa**-ra **es**-ta **ka**-ma-ra, **blan**-ko ee **ne**-gro*

... colour print, colour negative
... en color, negativos en color
*... en ko-**lor**, ne-ga-**tee**-bos en ko-**lor***

... colour slide
... diapositivas en color
*... dee-a-poo-zee-**tee**-bas en ko-**lor***

... for (artificial), natural light
... para (artificial), luz natural
*... pa-ra (ar-tee-fee-thee-**al**), looth na-too-**ral***

... fast, slow
... rápido, lento
*... **ra**-pee-do, **len**-to*

... this ASA (DIN) number
... este número ASA (DIN)
*... **es**-te **noo**-may-ro **a**-sa (deen)*

149

PHOTOGRAPHY

24 (36) exposures
veinticuatro (treinta y seis) fotos
*bain-tee-**kwa**-tro (**train**-ta ee says) **fo**-tos*

... including processing
... incluido el revelado
*... een-kloo-**ee**-do el re-be-**la**-do*

Please fit ...... in the camera
Podría instalar ...... en la cámara, por favor
*po-**dree**-a een-sta-**lar** ... en la **ka**-ma-ra, por fa-**bor***

... the cartridge, a film ...
... el carrete, una película ...
*... el ka-**re**-tay, **oo**-na pe-**lee**-koo-la ...*

The film is jammed
La película se ha atascado
*la pe-**lee**-koo-la say a a-ta-**ska**-do*

How much (for developing) ...?
¿Cuánto es (el revelado) ...?
***kwan**-to es (el re-be-**la**-do) ...*

I'd like this film developed
Quisiera revelar esta película
*kee-see-**e**-ra re-be-**lar es**-ta pe-**lee**-koo-la*

PHOTOGRAPHY

I want (a print) ...
Quisiera (una copia) ...
*kee-see-**e**-ra (**oo**-na **ko**-pya) ...*

... of each negative
... de cada negativo
*... day **ka**-da ne-ga-**tee**-bo*

... enlargement ...
... ampliación ...
*... am-plya-**thyon** ...*

... with a matte (glossy) finish
... con acabado matte (brillo)
*... kon a-ka-**ba**-do **ma**-tay (bree-eeo)*

What sizes are available?
¿Qué tamaños hay?
kay ta-man-yos a-ee

When will they be ready?
¿Cuándo estarán listas?
***kwan**-do es-ta-**ran lees**-tas*

Do you take passport photos?
¿Hacen fotos para el pasaporte?
***a**-then **fo**-tos **pa**-ra el pa-sa-**por**-te*

PHOTOGRAPHY

Can you do it now?
¿Puede hacerlas ahora?
*poo-**e**-de a-**ther**-las a-**oo**-ra*

Do you have flash cubes ...?
¿Tienen cubos de flash ...?
*tee-**e**-nen **koo**-bos day flas ...*

... bulbs, batteries like this
... bombillas, pilas como éstas
*... bom-**bee**-yas, **pee**-las **ko**-mo **es**-tas*

I want a camera
Quisiera una cámara
*kee-see-**e**-ra **oo**-na **ka**-ma-ra*

... for a child
... para un niño
*... pa-ra oon **nee**-nyo*

... automatic, cheap
... automática, barata
*... a-oo-to-**ma**-tee-ka, ba-**ra**-ta*

The one in the window
La del escaparate
*la del es-ka-pa-**ra**-te*

Photographic terms

accessory
accesorio
*ak-the-**so**-ree-o*

battery
pilas
***pee**-las*

blue filter
filtro azul
feel**-tro a-**thool

cable release
recojecables
*re-ko-he-**ka**-bles*

camcorder
camcórder
*kam-**kor**-dair*

camera case
funda de cámara
***foon**-da de **ka**-ma-ra*

cartridge
carrete
*ka-**re**-tay*

cassette
cassette
*ka-**se**-tay*

cine camera
camara de cine
***ka**-ma-ra day **thee**-nay*

depth of field
profundidad
de campo
*pro-foon-dee-**dad**
de **kam**-po*

distance
distancia
*dee-**stan**-thee-a*

enlargement
ampliacón
*am-plee-a-**thyon***

exposure
exposición
*ek-spo-zee-**thyon***

153

Photographic terms

exposure meter
fotómetro
*fo-**to**-me-tro*

film winder
rebobinador
*re-bo-bee-na-**dor***

flash bulb
bombilla de flash
*bom-**bee**-ya day-flas*

flash cube
cubo de flash
***koo**-bo day flas*

focal distance
distancia focal
*dee-**stan**-thee-a fo-**kal***

focus
foco
***fo**-ko*

image
imagen
*ee-**ma**-hen*

in focus
enfocado
*en-fo-**ka**-do*

lens cover
tapa de objetivo
***ta**-pa day ob-he-**tee**-bo*

light meter
medidor de luz
*me-dee-**dor** de looth*

negative
negativo
*ne-ga-**tee**-bo*

out of focus
desenfocado
*des-en-fo-**ka**-do*

over-exposed
sobrexpuesto
*so-bray-eks-**pwes**-to*

picture
fotografía
*fo-to-gra-**fee**-a*

Photographic terms

print
copia
ko-pya

projector
proyector
pro-yek-tor

range finder
medidor de
distancia
*me-dee-dor de
dees-tan-thya*

red filter
filtro rojo
feel-tro ro-ho

shade
sombra
som-bra

shutter
obturador
ob-too-ra-dor

telephoto lens
objetivos
ob-he-tee-bos

transparency
transparencia
trans-pa-ren-thee-a

tripod
trípode
tree-po-day

under-exposed
sobre-expuesto
so-bre-eks-poo-es-to

viewfinder
visor
bee-sor

wide-angle lens
granangular
gra-nan-goo-lar

yellow filter
filtro amarillo
feel-tro a-ma-ree-yo

POST IT!

Is there a post office near here?
¿Hay alguna oficina de correos cercana?
*a-**ee** al-**goo**-na o-fee-**thee**-na day ko-**ray**-os thair-**ka**-na*

Which window do I go to for ...?
¿A qué ventanilla he de ir para ...?
*a kay ben-ta-**nee**-ya e day eer **pa**-ra ...*

... stamps, telegrams, money orders
... sellos, telegramas, giros
... se-yos, te-le-gra-mas, hee-ros

How much for a letter ...?
¿Cuánto cuesta enviar una carta ...?
***kwan**-to **kwes**-ta en-**byar oo**-na **kar**-ta ...*

I want to send this package ...
Quisiera enviar este paquete ...
*kee-see-**e**-ra en-**byar es**-te pa-**ke**-tay ...*

... by air mail / express / registered
... por correo aéreo / urgente / certificado
*... por ko-**ray**-o a-**e**-ryo / oor-**hen**-tay / thair-tee-fee-**ka**-do*

... to Wales   ... a Gales   *... a **ga**-les*

POST IT!

I want to send a telex
Quisiera enviar un telex
*kee-see-**e**-ra en-**byar** oon **te**-leks*

... to England, Ireland, Scotland
... a Inglaterra, Irlanda, Escocia
*... a een-gla-**te**-ra, eer-**lan**-da, es-**ko**-thee-a*

... to America, Australia, Canada
... a America, Australia, Canada
*... a a-**me**-ree-ka, ow-**stra**-lee-a, ka-na-**da***

How much is it per word?
¿Cuánto cuesta cada palabra?
***kwan**-to **kwes**-ta **ka**-da pa-**la**-bra*

Please can you give me a form?
¿Podría darme un impreso, por favor?
*po-**dree**-a **dar**-may oon eem-**pray**-so, por fa-**bor***

Where is the post (mail) box?
¿Dónde está el buzón?
don**-day es-**ta** el boo-**thon

Is there any mail for me? I am ...
¿Hay correo para mi? Soy ...
*a-**ee** ko-**ray**-o **pa**-ra mee soy*

Accidents and injuries

There's been an accident ...
Ha habido un accidente ...
*a a-**bee**-do oon ak-thee-**den**-tay*

There is a fire
Hay fuego
*a-ee foo-**e**-go*

My child (m / f) has had a fall
Mi (hijo / hija) ha sufrido una caída
*mee (**ee**-ho / **ee**-ha) a soo-**free**-do **oo**-na ka-**ee**-da*

There has been a car crash
Ha habido un accidente de coche
*a a-**bee**-do oon ak-thee-**den**-tay de **ko**-che*

Call the police ... (motorway police)
Llame a la policía ... (carreteras)
***ya**-may a la po-lee-**thee**-a ... (ka-re-**tair**-as)*

Call (the fire brigade) ...
Llame (a los bomberos) ...
***ya**-may (a los bom-**bair**-os)*

... an ambulance, a doctor
... una ambulancia, un médico
*... **oo**-na am-boo-**lan**-thya, oon **me**-dee-ko*

ACCIDENTS AND INJURIES

The car did not stop
El coche no paró
*el **ko**-che no pa-**ro***

May I see your insurance certificate?
¿Podría ver los papeles de su seguro?
*po-**dree**-a bair los pa-**pe**-les day soo se-**goo**-ro*

I want a copy of the police report
Quiero una copia del informe policial
*kee-**e**-ro **oo**-na **ko**-pya del een-**for**-me po-lee-**thyal***

Contact the insurance company
Contactar a la compañía de seguros
*kon-tak-**tar** a la kom-pa-**nee**-a day se-**goo**-ros*

Where is the (American) consulate?
¿Dónde está el consulado (Americano)?
***don**-day es-**ta** el kon-soo-**la**-do (a-me-ree-**ka**-no)*

Are you willing to be a witness?
¿Está dispuesto a declarar como testigo?
*es-**ta** dees-**pwes**-to a de-kla-**rar ko**-mo tes-**tee**-go*

(Your), the owner's name and address
(Su), nombre y domicilio del titular
*(soo), **nom**-bray ee do-mee-**thee**-lyo del tee-too-**lar***

ACCIDENTS AND INJURIES

First aid quickly!
¡Primeros auxilios!
*pree-**me**-ros ow-**see**-lyos*

(He), she is (badly injured) ...
(Él), ella está (malherida) ...
*(el), **e**-ya es-**ta** (mal-e-**ree**-da)*

... losing blood, unconscious ...
... pierde sangre, inconsciente ...
*... pee-**er**-day **san**-gray, een-kons-**thyen**-tay*

... has hurt his (her) head
... se ha hecho daño en la cabeza
*... say a **e**-cho **dan**-yo en la ka-**bay**-tha*

I've been bitten by a (dog), insect
Me ha mordido un (perro), insecto
*may a mor-**dee**-do oon (**pe**-ro), een-**sek**-to*

I've been stung by a (wasp) scorpion
Me ha picado una (avispa) escorpión
*may a pee-**ka**-do **oo**-na (a-**bees**-pa) es-kor-**pyon***

I have something in my eye
Me ha entrado algo en el ojo
*may a en-**tra**-do **al**-go en el **o**-ho*

AT THE DENTIST'S

I must see a dentist ...
He de ver a un dentista ...
*e day bair a oon den-**tees**-ta ...*

... as soon as possible
... cuanto antes
... kwan-to an-tes

Can you give me an appointment for ...?
¿Podría darme hora para ...?
*po-**dree**-a **dar**-may **o**-ra **pa**-ra ...*

No sooner than that?
¿No se puede antes?
*no say **pwe**-day **an**-tes*

This tooth hurts ...
Me duele este diente ...
*may **dwe**-lay **es**-te dee-**en**-te ...*

I've lost a filling
He perdido un empaste
*e per-**dee**-do oon em-**pas**-tay*

Can you fill it now?
¿Podría empastarlo ahora?
*po-**dree**-a em-pas-**tar**-lo a-**o**-ra*

At the dentist's

I have broken (chipped) ...
Se me ha roto ...
*se me a **ro**-to ...*

... my dentures, this tooth
... mis muelas, este diente
*... mees **mway**-las, **es**-te dee-**en**-te*

I do not want the tooth out
No quiero que me saque el diente
*no kee-**e**-ro kay may **sa**-kay el dee-**en**-te*

Can you fix it temporarily?
¿Podría arreglarlo temporarlmente?
*po-**dree**-a a-ray-**glar**-lo (tem-po-ral-**men**-tay)*

Could you give me an anaesthetic?
¿Podría darme un anestésico?
*po-**dree**-a **dar**-may oon a-nes-**te**-see-ko*

*boy a ra-dyo-gra-fee-**ar** soo den-ta-**doo**-ra*
Voy a radiografiar su dentadura
I will X-ray your teeth

*en-**hwa**-ge-say la **bo**-ka, por fa-**bor***
Enjuáguese la boca, por favor
Please rinse out your mouth

At the doctor's

Can you recommend a doctor?
¿Podría recomendarme un médico?
*po-**dree**-a re-ko-men-**dar**-may oon **me**-dee-ko*

Please call (telephone) a doctor
Llame (telefonee) a un médico, por favor
ya**-may (te-le-fo-**nay**-e) a oon **me**-dee-ko, por fa-**bor

She banged her head
Se golpeó la cabeza
*sey gol-pe-**o** la ka-**be**-thay*

I am feeling faint
me siento mareado / da
*may see-**en**-to ma-re-**a**-do / da*

I have (difficulty breathing) ...
Tengo (dificultades al respirar) ...
***ten**-go (dee-fee-kool-**ta**-days al res-pee-**rar**)*

.. a pain in my chest, palpitations
.. un dolor en el pecho, palpitaciones
*.. oon do-**lor** en el **pe**-cho, pal-pee-ta-**thyon**-es*

(I'm constipated), I have diarrhoea ...
(Estoy estreñido), tengo diarrea ...
*(es-**toy** es-tren-**yee**-do), **ten**-go dee-a-**ray**-a*

163

At the doctor's

I feel (dizzy), sick, shivery
Me siento (mareado), enfermo, con frio
*may see-**en**-to (ma-ray-**a**-do), en-**fair**-mo, kon **free**-o*

... I can't eat (sleep)
... No puedo comer (dormir)
*... no **pwe**-do ko-**mer** (dor-**meer**)*

... my nose keeps bleeding
... me sangra la nariz
*... may **san**-gra la na-**reez***

(I'm a diabetic), I'm allergic ...
(Soy diabético), soy alérgico ...
*(soy dee-a-**be**-tee-ko), soy a-**ler**-hee-ko*

... to penicillin
... a la penicilina
*... a la pe-nee-thee-**lee**-na*

I am taking these drugs
Estoy tomando estos medicamentos
*es-**toy** to-**man**-do **es**-tos me-dee-ka-**men**-tos*

This is my usual medicine
Ésta es mi medicación habitual
es**-ta es mee me-dee-ka-**thyon** a-bee-**twal

AT THE DOCTOR'S

My blood pressure ...
Tengo la presión sanguínea ...
***ten**-go la pre-**syon** san-**gee**-nay-a ...*

... (temperature) is too high (low)
... (temperatura) está muy alto (bajo)
*... (tem-pe-ra-**too**-ra)es-**ta** mwoo-**ee al**-to (ba-ho)*

I'm ... months pregnant
Estoy embarazada de ...
*es-**toy** em-ba-ra-**tha**-da day ...*

It's my second baby
Es mi segundo niño
*es mee se-**gun**-do **nee**-nyo*

Do I need an operation?
¿Necesito una operación?
*ne-ce-**see**-to **oo**-na o-pe-ra-**cyon***

I do not know my blood group
no se cual es mi grupo sanguíneo
*no say kual es mee groo-po san-**gi**-ne-o*

Must I stay in bed?
¿Debo permanecer en la cama?
*de-bo per-ma-**ne**-cer en la **ka**-ma*

At the doctor's

I had a heart attack ...
He sufrido un ataque al corazón ...
*e soo-**free**-do oon a-**ta**-kay al ko-ra-**thon** ...*

... years (months) ago
... hace ... años (meses)
*... **a**-thay ... **an**-yos (**me**-says)*

When can I go home?
¿Cuándo puedo irme a casa?
***kuan**-do poo-e-do **eer**-me a **ka**-sa*

Can I travel tomorrow?
¿Podré viajar mañana?
*po-**dre** bee-a-**har** man-**ya**-na*

Here is my E111 form
Aquí está mi impreso E111
*a-**kee** es-**ta** mee eem-**pre**-so*

Please tell my family
Por favor, comuniqueselo a mi familia
*por fa-**bor** ko-moo-**nee**-ke-se-lo a mee fa-**mee**-lee-a*

When can they visit?
¿Cuándo puedo visitarle?
*koo-**an**-do poo-**e**-do bee-see-**tar**-le*

IN HOSPITAL

anaesthetic
anestesia
*a-nes-**te**-see-a*

bed
cama
***ka**-ma*

blood ...
sangre ...
***san**-gre ...*

... transfusion
... transfusión
*... trans-foo-**syon***

doctor
médico
***me**-dee-ko*

maternity unit
Unidad de
maternidad
*oo-nee-**dad** de
ma-ter-nee-**dad***

medicine
medicina
*me-dee-**thee**-na*

nurse
enfermera
en-fer-me-ra

operation
operación
*o-pe-ra-**thyon***

patient
enfermo
*en-**fer**-mo*

pill
píldora
***peel**-do-ra*

surgeon
cirujano
*cee-roo-**ha**-no*

thermometer
termómetro
*ter-**mo**-me-tro*

PARTS OF THE BODY

ankle
tobillo
*to-**bee**-yo*

appendix
apéndice
*a-**pen**-dee-ce*

artery
arteria
*ar-**te**-ree-a*

arm
brazo
***bra**-tho*

back
espalda
*es-**pal**-da*

bladder
vejiga
*be-**hee**-ga*

bone
hueso
***we**-so*

bowel
intestinos
*een-tes-**tee**-nos*

breast
pecho
***pe**-cho*

cheek
mejilla
*me-**hee**-ya*

chest
pecho
***pe**-cho*

ear
oreja
*o-**ray**-ha*

elbow
codo
***ko**-do*

eye
ojo
***o**-ho*

Parts of the Body

face
cara
ka-ra

finger
dedo
de-do

foot
pie
pee-ay

gland
glándula
glan-doo-la

hand
mano
ma-no

heart
corazón
ko-ra-thon

joint
articulación
ar-tee-koo-la-cyon

kidney
riñon
reen-yon

knee
rodilla
ro-dee-ya

leg
pierna
pee-air-na

liver
hígado
ee-ga-do

lungs
pulmones
pool-mo-nes

mouth
boca
bo-ka

muscle
músculo
moos-koo-lo

Parts of the Body

neck
cuello
kwe-yo

nose
nariz
na-reeth

rib
costilla
kos-tee-ya

shoulder
hombros
om-bros

skin
piel
pyel

spine
columna vertebral
ko-loom-na ber-te-bral

stomach
estómago
e-sto-ma-go

thigh
muslo
moos-lo

throat
garganta
gar-gan-ta

thumb
pulgar
pool-gar

toe
dedo del pie
de-do del pee-e

tonsils
amígdalas
a-meeg-da-las

veins
venas
be-nas

wrist
muñeca
moon-yay-ka

LOSS AND THEFT

STOP THIEF! Call the police!
¡AL LADRÓN! ¡Llamen a la policía!
*al la-**dron ya**-men a la po-lee-**thee**-a*

Where's the (main) police station?
¿Dónde está el cuartel de policía?
***don**-day es-**ta** el **kwar**-tel day po-lee-**thee**-a*

My car has been taken
Me han robado el coche
*mee an ro-**ba**-do el **ko**-che*

I want to report a theft ...
Quisiera informar de un robo ...
*kee-see-**e**-ra een-for-**mar** day oon **ro**-bo ...*

... my wallet has been stolen
... me han robado cartera
*... may an ro-ba-do kar-**te**-ra*

I've lost my ... (handbag)
He perdido mi ... (bolso)
*e per-**dee**-do mee ...(**bol**-so)*

... (money), pounds, credit cards
... (dinero), libras, tarjetas de crédito
*... (dee-**ne**-ro), **lee**-bras, tar-**he**-tas day **kre**-dee-to*

EATING OUT – FAST FOOD

I'd like to have breakfast
Quiero desayunar
*kee-**e**-ro des-a-yoo-**nar***

I want (orange) juice ...
Quiero zumo de (naranja)
*kee-**e**-ro **thoo**-mo day (na-**ran**-ha)*

... grapefruit, tomato
... pomelo, tomate
*... po-**may**-lo, to-**ma**-tay*

... tea, coffee (with milk) ...
... té, café (con leche) ...
*... te, ka-fe (kon **le**-chay) ...*

... (small black), decaffeinated
... café (solo), descafeinado
*... ka-**fay** (**so**-lo), des-ka-fay-**na**-do*

... with (milk), lemon, cream, sugar
... con (leche), limón, nata, azucar
*... kon (**le**-chay), lee-**mon**, **na**-ta, a-**thoo**-kar*

... hot chocolate
... chocolate caliente
*... cho-ko-**la**-tay ka-lee-**en**-tay*

EATING OUT – FAST FOOD

... bacon (ham) and eggs ...
... bacon (jamón) y huevos ...
... be-*ee*-kon (ha-***mon***) ee ***way***-bos ...

... fried, boiled, scrambled
... fritos, pasados por agua, revueltos
... ***free***-tos, pa-***sa***-dos por ***a***-gwa, re-***bwel***-tos

... bread, toast, rolls, butter
... pan, tostadas, bollos, mantequilla
... *pan, tos-**ta**-das, **bo**-yos, man-tay-kee-ya*

... honey, jam (marmalade)
... miel, mermelada (de naranja)
... ***mee***-el, mer-may-***la***-da (day na-***ran***-ha)

... cereals, croissants, biscuits
... cereales, croissants, galletas
... *the-re-**a**-lays, krwa-**sants**, ga-**ye**-tas*

Give me one of those, please ...
Me puede dar uno de esos, por favor ...
*may **pwe**-day dar **oo**-no day **e**-sos, por fa-**bor***

...to the left (right), above, below
...a la izquierda (derecha), arriba, abajo
...*a la eeth-**kyair**-da (de-**ray**-cha), a-**ree**-ba, a-**ba**-ho*

EATING OUT – FAST FOOD

It's to take away
Para llevar
pa-ra ye-bar

...sandwich with (cheese), Serrano ham
...bocadillo con (queso), jamón serrano
...bo-ka-dee-yo kon (ke-so), ha-mon se-ra-no

... salami, sausages, chorizo
... mortadela, salchichas, chorizo
... mor-ta-de-la, sal-chee-chas, cho-ree-tho

... biscuits, chocolate bar
... galletas, barrita de chocolate
... ga-ye-tas, ba-ree-ta day cho-ko-la-tay

... pie (fruit), meat
... tartaleta (de frutas), carne
... tar-ta-le-ta (day froo-tas), kar-nay

... crisps, mustard
... patatas fritas, mostaza
... pa-ta-tas free-tas, mos-ta-tha

... soft drink, lemonade
... bebida carbonatada, limonada
... be-bee-da kar-bo-na-ta-da, lee-mo-na-da

IN THE RESTAURANT

Have you a table for ...?
¿Tiene una mesa para ...?
*tee-**e**-ne **oo**-na **me**-sa **pa**-ra ...*

... a quiet table
... una mesa tranquila
*... **oo**-na **me**-sa tran-**kee**-la*

... in a non-smoking area
... en área de no fumadores
*... en **a**-re-a de no foo-ma-**do**-res*

... a table near the window
... una mesa cerca de la ventana
*... **oo**-na **me**-sa **ther**-ka de la ben-**ta**-na*

... one on the terrace
... una en la terraza
*... **oo**-na en la te-**ra**-tha*

We are in a hurry
Tenemos prisa
*te-**ne**-mos **pree**-sa*

Please bring me the menu
Por favor traiga el menú
*por fa-**bor** tra-**ee**-ga el me-**noo***

MENUS

Menú del día
*me-**noo** del **dee**-a*
Fixed-price (tourist) menu

Plato del día
***pla**-to del **dee**-a*
Dish of the day

La especialidad (de la casa), local
*la es-peth-ya-lee-**dad** (de la **ka**-sa), lo-**kal***
Speciality (of the house), local

Platos frios (calientes)
***pla**-tos **free**-os (ka-lee-**en**-tes)*
Cold (hot) dishes

Fruta (verduras) de temporada
***froo**-ta (ber-**doo**-ras) day tem-po-**ra**-da*
Fruit (vegetables) in season

Selección de verduras
*se-lek-**thyon** day ber-**doo**-ras*
Choice of vegetables

Platos de carne con verdura
***pla**-tos day **kar**-nay kon ber-**doo**-ra*
Meat dishes accompanied by vegetables

MENUS

Tiempo de espera veinte minutos
*tee-**em**-po de es-**pe**-ra **bain**-tay mee-**noo**-tos*
Waiting time 20 minutes

Cargos adicionales
***kar**-gos a-deeth-yo-**na**-les*
Supplementary charge

(Primer), segundo, tercer plato
*(pree-**mair**), se-**goon**-do, tair-**thair** pla-to*
(First), second, third course

Pan (y servicio) incluidos
*pan (ee sair-**bee**-thee-o) een-kloo-**ee**-dos*
Bread (and cover charge) included

Servicio (IVA) incluido
*sair-**bee**-thee-o (**ee**-ba) een-kloo-**ee**-do*
Service (VAT) included

Usually tips should be about 10%, but you can vary what you give according to your satisfaction with the service and the food.

MENUS

Please can we have ...?
¿Por favor, podemos tomar ...?
*por fa-**bor**, po-**de**-mos to-**mar** ...*

Can you tell us ...?
¿Podría decirnos ...?
*po-**dree**-a de-**ceer**-nos ...*

What is this?
¿Qué es esto?
*kay es **es**-to*

The bill, please
La cuenta, por favor
*la koo-**en**-ta, por fa-**bor***

That was a good meal
Hemos comido bien
e**-mos ko-**mee**-do bee-**en

Can I pay by ...?
¿Puedo pagar con ...?
*poo-**e**-do pa-**gar** kon ...*

... Eurocheques, travellers' cheques
... Eurocheques, cheques de viaje
*... ew-ro-**che**-kays, **che**-kays day bee-**a**-hay*

WAYS OF COOKING

a la barbacoa, al gril, a la cazuela
*a la bar-ba-**ko**-a, al greel, a la ka-**thwe**-la*
barbecued, grilled, casseroled

al horno, a la parrilla, al vapor
*al **or**-no, a la pa-**ree**-ya, al ba-**por***
baked, broiled, steamed

ahumado, asado
*ow-**ma**-do, a-**sa**-do*
smoked, roasted (perhaps on a spit)

escalfado, estofado
*es-kal-**fa**-do, es-to-**fa**-do*
braised, stuffed

a fuego lento, frito
*a **fwe**-go **len**-to, **free**-to*
poached, fried

guisado, hervido, marinado
*gee-**sa**-do, er-**bee**-do, ma-ree-**na**-do*
stewed, boiled, marinated

poco hecho, al punto, muy hecho
***po**-ko **e**-cho, al **poon**-to, mwee **e**-cho*
underdone (rare), medium, well done

SOUPS AND APPETISERS

aceitunas
*a-thay-**too**-nas*
olives

caldo
***kal**-do*
broth

caldo de pollo
***kal**-do day **po**-yo*
chicken broth

caldo de vaca
***kal**-do day **ba**-ka*
beef broth

champiñones
*cham-peen-**yo**-nes*
mushrooms

champiñones al ajillo
*cham-peen-**yo**-nes al a-**hee**-yo*
mushrooms with garlic

champiñones en salsa
*cham-peen-**yo**-nes en **sal**-sa*
mushrooms in sauce

SOUPS AND APPETISERS

gazpacho
*gath-**pa**-cho*
chilled soup made using olive oil, wine vinegar, garlic and bread; usually also with cucumber, tomato, green and red peppers. **Gazpacho blanco** is white, with almonds, garnished with grapes.

lentejas
*len-**te**-has*
lentil soup

patatas bravas
*pa-**ta**-tas **bra**-bas*
boiled potatoes with chili sauce

patatas ali-oli
*pa-**ta**-tas **a**-lee **o**-lee*
boiled potatoes with garlic mayonnaise

sopa de ajo
***so**-pa day **a**-ho*
garlic soup

sopa de crema de champiñones
***so**-pa day **kray**-ma day cham-peen-**yo**-nes*
cream of mushroom soup

Soups and appetisers

sopa de fideos
*so-pa day fee-**day**-os*
noodle soup

sopa de frijoles
*so-pa day free-**ho**-les*
kidney-bean soup

sopa de guisantes
*so-pa day gee-**san**-tes*
pea soup

sopa de pollo
*so-pa day **po**-yo*
chicken soup

sopa de puerros
*so-pa day **pwe**-ros*
leek soup

sopa de tomate
*so-pa day to-**ma**-tay*
tomato soup

tortilla española *tor-**tee**-ya es-pan-**yo**-la*
Spanish omelette
(eggs, onions, potatoes, salt and oil)

PASTA, EGGS, RICE AND SAUCES

macarrones con tomate
*ma-ka-**ro**-nays kon to-**ma**-tay*
pasta with chorizo sausage and tomato sauce

huevo pasado por agua
***way**-bo pa-**sa**-do por **a**-gwa*
soft-boiled egg

huevos con jamón
way**-bos kon ha-**mon
eggs with ham

huevos con tocino
***way**-bos kon to-**thee**-no*
eggs with bacon

huevos fritos por un lado
***way**-bos **free**-tos por oon **la**-do*
eggs sunny-side-up

huevos revueltos
***way**-bos re-**bwel**-tos*
scrambled eggs

arroz abanda
*a-**roth** a-**ban**-da*
paella rice with garlic mayonnaise

PASTA, EGGS, RICE AND SAUCES

arroz blanco
*a-**roth** **blan**-ko*
boiled rice

paella　　　　　　　　*py-**e**-ya*
paella, the familiar rice dish with seafood / chicken and fried vegetables

ali-oli, salsa de almendras
*a-lee o-lee, **sal**-sa day al-**men**-dras*
garlic mayonnaise sauce, almond sauce

salsa de cebolla, salsa de manzana
***sal**-sa day the-**bo**-ya, **sal**-sa day man-**tha**-na*
onion sauce, apple sauce

salsa de pimiento verde
***sal**-sa day peem-**yen**-to **bair**-day*
green pepper sauce

salsa de piñones
***sal**-sa day peen-**yoh**-nes*
pine nut sauce, with cumin and egg yolks

salsa española, salsa de vino
***sal**-sa es-pan-**yo**-la, **sal**-sa day **bee**-no*
the classic brown sauce, wine sauce

FISH AND SEAFOOD

almejas
*al-**me**-has*
clams

arenque
*a-**ren**-kay*
herring

atún
*a-**toon***
tuna

bogavante a la marinera
*bo-ga-**ban**-tay a la ma-ree-**nair**-a*
lobster cooked in Galician style

caballa
*ka-**ba**-ya*
mackerel

caballa en escabeche
*ka-**ba**-ya en es-ka-**be**-chay*
marinated mackerel

calamares
*ka-la-**ma**-res*
squid

Fish and seafood

cangrejos de río
*kan-**gre**-hos day **ree**-o*
crayfish

filete de merluza
*fee-**le**-tay day mair-**loo**-tha*
hake fillet

langosta
*lan-**gos**-ta*
lobster

langostinos rebozados
*lan-gos-**tee**-nos re-bo-**tha**-dos*
scampi

mejillones
*me-hee-**yo**-nes*
mussels

merluza en salsa verde
*mair-**loo**-tha en **sal**-sa **bair**-day*
hake in parsley sauce

ostras
***o**-stras*
oysters

FISH AND SEAFOOD

ostras fritas
*o-stras **free**-tas*
fried oysters

pescado, pescado en escabeche
*pes-**ka**-do, pes-**ka**-do en es-ka-**be**-chay*
fish, marinated fish

salmonete
*sal-mo-**ne**-tay*
mullet

sardinas
*sar-**dee**-nas*
sardines

sepia
*se-**pee**-a*
cuttlefish

trucha, trucha cocida
***troo**-cha, **troo**-cha ko-**thee**-da*
trout, boiled trout

trucha frita
***troo**-cha **free**-ta*
fried trout

MEAT, POULTRY AND GAME

ancas de rana
an-kas day ra-na
fried frogs' legs

cabezas de cordero al horno
ka-bay-thas day kor-dair-o al or-no
roast head of lamb

callos
ka-yos
tripe

carne
kar-nay
meat

carne asada
kar-nay a-sa-da
grilled meats

carne de vaca en asador
kar-nay day ba-ka en a-sa-dor
braised beef

cerdo asado
thair-do a-sa-do
roast pork

MEAT, POULTRY AND GAME

chuleta corriente
*choo-**lay**-ta koo-ree-**en**-tay*
plain cutlet

chuleta de cerdo
*choo-**lay**-ta day **thair**-do*
pork cutlet

chuleta de ternera
*choo-**lay**-ta day tair-**nair**-a*
veal cutlet

cochinillo asado
*ko-chee-**nee**-yo a-**sa**-do*
roast suckling pig with potatoes

cocido madrileño *ko-**thee**-do ma-dree-**len**-yo*
stew of bacon, potatoes, chicken, leek, chorizo and peas

conejo con caracoles
*ko-**ne**-ho kon ka-ra-**ko**-les*
rabbit with snails

conejo estofado
*ko-**ne**-ho e-sto-**fa**-do*
stuffed rabbit

Meat, poultry and game

cordero en asador
*kor-**dair**-o en a-sa-**dor***
mutton on the spit

faisán
*fy-ee-**san***
pheasant

filete
*fee-**le**-tay*
steak fillet

filete de vaca
*fee-**le**-tay day **ba**-ka*
beefsteak

guisado de carne
*gee-**sa**-do day **kar**-nay*
beef stew

guisado de pollo
*gee-**sa**-do day **po**-yo*
chicken stew

lechón en asador
*le-**chon** en a-sa-**dor***
suckling pig on the spit

MEAT, POULTRY AND GAME

lengua
*len-**gwa***
tongue

morcilla
*mor-**thee**-ya*
blood sausage (black pudding)

oca
***o**-ka*
goose

pato
***pa**-to*
duck

pato relleno con manzanas
***pa**-to re-**yay**-no kon man-**tha**-nas*
roast duck with apples

pavo
***pa**-bo*
turkey

perdiz en chocolate
*pair-**deeth** en cho-ko-**la**-tay*
partridge with a chocolate sauce

Meat, poultry and game

pierna de cordero
*pee-**air**-na day kor-**dair**-o*
shank of lamb

pollo cocido / asado
***po**-yo ko-**thee**-do / a-**sa**-do*
baked / roasted chicken

pollo frito / rebozado
***po**-yo **free**-to / re-bo-**tha**-do*
fried / breaded chicken

riñones guisados
*reen-**yo**-nes gee-**sa**-dos*
stewed kidney

salchicha
*sal-**chee**-cha*
sausage

ternera en adobo
*ter-**ne**-ra en a-**do**-bo*
veal marinated in wine

ternera a la riojana
*ter-**ne**-ra a la ree-o-**ha**-na*
veal steaks fried with green peppers

VEGETABLES, SALAD, AND HERBS

ajo, alcachofas
a-ho, al-ka-cho-fas
garlic, artichokes

alubia, apio
a-loo-bee-a, a-pee-o
haricot, celery

azafrán, berenjenas, calabacín
a-tha-fran, be-ren-he-nas, ka-la-ba-theen
saffron, aubergine, baby marrow

calabaza, canela, castañas
ka-la-ba-tha, ka-ne-la, kas-tan-yas
pumpkin, cinnamon, chestnuts

cebolla, cebollinos, chalotes
the-bo-ya, the-bo-yee-nos, cha-lo-tes
onions, chives, shallots

coliflor, comino, endivia
ko-lee-flor, ko-mee-no, en-dee-bee-a
cauliflower, cumin, endive

escarola, (mixto) ensalada
es-ka-ro-la, (meek-sto) en-sa-la-da
chicory, (mixed) green salad

VEGETABLES, SALAD, AND HERBS

garbanzos, guarnición, guisantes
*gar-**ban**-thos, gwar-nee-**thyon**, gee-**san**-tes*
chick-peas, mixed vegetables, peas

hierbabuena, hinojo
*yair-ba-**bway**-na, ee-**no**-ho*
mint, fennel

jengibre, judías, laurel
*hen-**hee**-bray, hoo-**dee**-as, low-**rel***
ginger, broad beans, bay

lentejas, lechuga, mejorana
*len-**tay**-has, le-**choo**-ga, me-ho-**ra**-na*
lentils, lettuce, marjoram

nuez moscada, oregano
*noo-**eth** mos-**ka**-da, o-**ray**-ga-no*
nutmeg, orégano

patatas, pepinillo
*pa-**ta**-tas, pe-pee-**nee**-yo*
potatoes, gherkins

pepino, perejil, puerros
*pe-**pee**-no, pe-re-**heel**, **pwe**-ros*
cucumber, parsley, leeks

VEGETABLES, SALAD, AND HERBS

rábanos, remolacha
ra-ba-nos, re-mo-la-cha
radishes, beetroot

repollo, repollo verde
ray-po-yo, ray-po-yo bair-day
cabbage, green cabbage

romero, salvia, setas
ro-mair-o, sal-bee-a, say-tas
rosemary, sage, boletus mushrooms

tomates, tomillo, trufas
to-ma-tes, to-mee-yo, troo-fas
tomatoes, thyme, truffles (usually white)

Cooked without ...
Preparado sin ...
pre-pa-ra-do seen ...

... nuts of any kind
... frutos secos
... *froo-tos say-kos*

... salt, olive oil
... sal, aceite de oliva
... *sal, a-thay-ee-tay day o-lee-ba*

DESSERTS, FRUIT AND CHEESE

arroz con leche
*a-**roth** kon **le**-chay*
rice pudding

bizcocho
*beeth-**ko**-cho*
sponge cake

cerezas
*thair-**ay**-thas*
cherries

churros
***choo**-ros*
fritters

ciruelas
*thee-roo-**ay**-las*
plums

ciruelas claudias
*thee-roo-**ay**-las **clow**-dee-as*
greengages

compota de manzana
*kom-**po**-ta day man-**tha**-na*
apple compote

DESSERTS, FRUIT AND CHEESE

cuajada
*kwa-**ha**-da*
half-fermented cheese dessert

dátiles
***da**-tee-les*
dates

flan
flan
crème caramel

frambuesas
*fram-**bway**-sas*
raspberries

fresas
***fray**-sas*
strawberries

fresas con nata
***fray**-sas kon **na**-ta*
strawberries with cream

fruta con nata montada
***froo**-ta kon **na**-ta mon-**ta**-da*
fruit with whipped cream

DESSERTS, FRUIT AND CHEESE

granada
gra-na-da
pomegranate

grosellas negras
gro-se-yas ne-gras
blackcurrants

helado
e-la-do
ice cream

macedonia de frutas
ma-the-do-nee-a day froo-tas
fruit salad

manzana asada
man-tha-na a-sa-da
baked apple

manzanas
man-tha-nas
apples

melocotón
me-lo-ko-ton
peach

DESSERTS, FRUIT AND CHEESE

melón
*me-**lon***
melon

naranjas
*na-**ran**-has*
oranges

natillas
*na-**tee**-yas*
custard

pera
***pay**-ra*
pear

piña
***peen**-ya*
pineapple

plátano
***pla**-ta-no*
banana

pomelo
*po-**me**-lo*
grapefruit

DESSERTS, FRUIT AND CHEESE

queso
ke-so
cheese

queso de cabra
ke-so day ka-bra
goat cheese

queso manchego
ke-so man-chay-go
La Mancha cheese

sandía
san-dee-a
watermelon

tarta
tar-ta
cake

tarta de almendra
tar-ta day al-men-dra
almond cake

tarta de limón
tar-ta day lee-mon
lemon meringue

DESSERTS, FRUIT AND CHEESE

tarta de manzana
tar-ta day man-tha-na
apple cake

tarta de zanahoria
tar-ta day tha-na-o-ree-a
carrot cake

tortas
tor-tas
thin pancakes

uvas
oo-bas
grapes

yemas
le-mas
a sweet of egg yolks and sugar (Castilian)

yogur
yo-goor
yoghourt

... con (chocolate), mermelada
... kon (cho-ko-la-tay), mair-me-la-da
... with (chocolate), jam

NIGHTLIFE

Can you babysit ...?
¿Te importaría cuidar a nuestros hijos ...?
*tay eem-por-ta-**ree**-a kwee-**dar** a **nwes**-tros **ee**-hos*

... for us tonight
... esta noche
*... **es**-ta **no**-chay*

We are looking for a babysitter
Buscamos una niñera
*boos-**ka**-mos **oo**-na neen-**ye**-ra*

What's on at the (cinema), theatre tonight ...?
¿Que hay en el (cine), teatro esta noche ...?
*kay a-**ee** en el (**thee**-ne), te-**a**-tro **es**-ta **no**-chay*

Where's the nearest ...?
¿Dónde está la ... más cercana ...?
***don**-day es-**ta** la ... mas thair-**ka**-na*

... ballet, concert, discothèque
... ballet, concierto, discoteca
*... ba-**let**, kon-thee-**er**-to, dees-ko-**te**-ka*

... nightclub, opera, operetta
... discoteca, opera, zarzuela
*... dees-ko-**te**-ka, **o**-pe-ra, thar-**thwe**-la*

202

NIGHTLIFE

... circus, puppet theatre
... circo, guiñol
... *theer-ko, geen-yol*

Are there any films in English?
¿Hay alguna película en inglés?
a-ee al-goo-na pe-lee-koo-la en een-gles

At what time does it start?
¿A qué hora empieza?
a kay o-ra em-pee-e-tha

How much are the seats?
¿Cuánto cuesta la entrada?
kwan-to kwes-ta la en-tra-da

Who is performing?
¿Quién actua?
kee-en ak-too-a

Can you get me a ticket?
¿Podría conseguirme una entrada?
po-dree-a kon-se-geer oo-na en-tra-da

I'd like a programme, please
Quisiera un programa, por favor
kee-see-e-ra oon pro-gra-ma, por fa-bor

SMOKERS' NEEDS

Do you mind if I smoke?
¿Le molesta si fumo?
*le mo-**les**-ta see-**foo**-mo*

Do you sell English (American) (cigarettes)...?
¿Venden tabaco inglés (americano) ...?
***bain**-dain ta-**ba**-ko een-**gles** (a-me-ree-**ka**-no)*

... cigars, pipe tobacco
... puros, tabaco de pipa
*... **poo**-ros, ta-**ba**-ko day **pee**-pa*

I'd like (a package) of ...
Quisiera un paquete de ...
*kees-ee-**e**-ra oon pa-**ke**-tay day ...*

... filter-tipped, without filters
... con filtro, sin filtros
*... kon **feel**-tro, seen **feel**-tros*

... mild, strong
... suaves, fuertes
*... **swa**-bes, **fwer**-tes*

... menthol, king-sized
... mentolados, largos
*... men-to-**la**-dos, **lar**-gos*

SMOKERS' NEEDS

... matches, a cigarette lighter
... cerillas, mechero
... *the-**ree**-yas, me-**chair**-o*

... gas refill for this lighter
... carga de gas para este mechero
... ***kar**-ga day gas **pa**-ra **es**-te me-**chair**-o*

Have you got ... cigarette papers?
¿Tiene ... papel de fumar?
*tee-**e**-nay ... pa-**pel** day foo-**mar***

... rolling tobacco
... tabaco de liar
... *ta-**ba**-ko day lee-**ar***

... some pipe cleaners
... unos limpiapipas
... ***oo**-nos leem-pya-**pee**-pas*

NO SMOKING
Prohibido fumar
*pro-ee-**bee**-do foo-**mar***

BEACHES

Where are the best beaches?
¿Dónde están las mejores playas?
***don**-day es-**tan** las me-**ho**-rays **ply**-as*

Is there a beach near here?
Hay alguna playa cerca de aquí?
*a-**ee** al-**goo**-na **ply**-a **thair**-ka day a-**kee***

Is it (deep), quiet?
¿Es (profundo), tranquila?
*es (pro-**foon**-do), tran-**kee**-la*

Can we ... here?
¿Se puede practicar aquí ... ?
*say **pwe**-day prak-tee-**kar** a-**kee***

Is it safe ...?
Es segura ...?
*es se-**goo**-ra*

... (for diving), for surfing
... (saltar), para hacer surfing
*... (sal-**tar**), **pa**-ra a-**thair soor**-feen*

... for swimming, children
... nadar, los niños
*... na-**dar**, los **neen**-yos*

206

BEACHES

*a-**ee** oon **po**-ko day o-le-**a**-hay **fwer**-tay*
Hay un poco de oleaje fuerte
There are some big waves

Is there a lifeguard?
¿Hay un salvavidas?
*a-**ee** oon sal-ba-**bee**-das*

Are there showers?
¿Hay duchas?
*a-**ee** **doo**-chas*

We want to go fishing
Queremos ir de pesca
*kay-**ray**-mos eer day **pes**-ka*

Can I hire a (boat), cabin ...?
¿Puedo alquilar una (barca) cabaña...?
***pwe**-do al-kee-**lar** **oo**-na (**bar**-ka) ka-**ban**-ya...*

... deckchair, sunshade
... tumbona, sombrilla
*... toom-**bo**-na, som-**bree**-ya*

What is the hourly (daily) rate?
¿Cuánto cuesta la hora (por día)?
***kwan**-to **kwes**-ta la **o**-ra (por **dee**-a)*

207

BEACH SIGNS

BATHING PROHIBITED
PROHIBIDO EL BAÑO
pro-ee-bee-do el ban-yo

DIVING PROHIBITED
PROHIBIDO EL SALTO
pro-ee-bee-do el ban-yo

DANGER
PELIGRO
pe-lee-gro

PRIVATE BEACH
PLAYA PRIVADA
***ply**-a pree-**ba**-da*

STRONG CURRENT
FUERTES CORRIENTES
***fwer**-tes ko-ree-**en**-tes*

PLAYING SPORTS

Where's the nearest ...?
¿Dónde está la ... más cercana?
***don**-day es-**ta** la ... mas thair-**ka**-na*

... tennis court
... pista de tenis
*... **pee**-sta day **te**-nees*

... golf course, place to go swimming
... campo de golf, sitio para ir a nadar
*... **kam**-po day golf, **see**-tee-o **pa**-ra eer a na-**dar***

Is there any good fishing here?
¿Hay un buen sitio para pescar?
*a-**ee** oon boo-**en** **see**-tee-o **pa**-ra pes-**kar***

Do I need a permit?
¿Necesito un permiso?
*ne-thai-**see**-to oon pair-**mee**-so*

Where can I get one?
¿Dónde puedo conseguir uno?
***don**-day **pwe**-do kon-se-**geer** **oo**-no*

Can I hire (a racket), clubs?
¿Podría alquilar (una raqueta), palos?
*po-**dree**-a al-kee-**lar** (**oo**-na ra-**kay**-ta) **pa**-los*

209

PLAYING SPORTS

What's the cost? ... per hour, round, day
¿Cuánto cuesta? ...por hora, vuelta, día
kwan-to kwes-ta ... por o-ra, bwel-ta, dee-a

Can we go riding?
¿Podemos ir a montar a caballo?
po-day-mos eer a mon-tar a ka-ba-yo

Where can I paraglide?
¿Dónde puedo practicar parapente?
don-day pwe-do prak-tee-kar pa-ra-pen-tay

Where's the race track (stadium) for ...?
¿Dónde está el ... ?
don-day es-ta el ...

... car racing, cycling
... circuito de carreras, velódromo
... theer-kwee-to day ka-ray-ras, be-lo-dro-mo

I'd like to see a football match
Quisiera ver un partido de futbol
kee-see-e-ra bair oon par-tee-do day foot-bol

... boxing match
... pelea de boxeo
... pe-le-a day bok-say-o

210

WATCHING SPORTS

Which teams are playing?
¿Qué equipos juegan?
*kay e-**kee**-pos hoo-**e**-gan*

What's the entrance fee?
¿Cuánto cuesta la entrada?
***kwan**-to **kwes**-ta la en-**tra**-da*

Can you get me a ticket?
¿Podría conseguirme una entrada?
*po-**dree**-a kon-se-**geer oo**-na en-**tra**-da*

Are there still any seats in the grandstand?
¿Quedan entradas en el palco?
***ke**-dan en-**tra**-das en el **pal**-ko*

Are the seats in the sun (shade)?
¿Están los asientos al sol (a la sombra)?
*es-**tan** los a-see-**en**-tos al **sol** (a la **som**-bra)*

Where is the bull ring?
¿Dónde está la plaza de toros?
***don**-day es-**ta** la **pla**-tha day **to**-ros*

Who is performing?
¿Quién torea?
*kee-**en** to-**re**-a*

WATER SPORTS

Is there a swimming pool near here?
¿Hay una piscina cerca de aquí?
*a-**ee oo**-na pees-**thee**-na **thair**-ka day a-**kee***

Is it open-air, indoor ...?
¿Es al aire libre, cubierta ...?
*es al a-**ee**-re **lee**-bre, koo-**byair**-ta*

... heated
... con calefacción
*... kon ka-le-fak-**thyon***

Is the water warm?
¿Está el agua templada?
*es-**ta** el **a**-gwa tem-**pla**-da*

Can one swim in the river, lake, sea?
¿Se puede nadar en el río, lago, mar?
*say **pwe**-day na-**dar** en el **ree**-o, la-go, mar*

Are there any dangerous currents?
¿Hay corrientes peligrosas?
*a-**ee** ko-ree-en-**tes** pe-lee-**gro**-sas*

At what time is high (low) tide?
¿A qué hora sube (baja) la marea?
*a kay **o**-ra **soo**-bay (**ba**-ha) la ma-**ray**-a*

Winter sports

Where's the nearest ...?
¿Dónde está la ... más cercana?
***don**-day es-**ta** la ... mas thair-**ka**-na*

... skating rink
... pista de patinaje
*... **pee**-sta day pa-tee-na-hay*

Are there some ski runs for ...?
¿Hay pistas para ...?
*a-**ee pee**-stas **pa**-ra ...*

... beginners, average
... principiantes, esquiadores
*... preen-thee-pee-**an**-tes, e-skee-a-**do**-res*

... (good) skiers
... avanzados
*... a-ban-**tha**-dos*

Are there any ski lifts?
¿Hay remontes?
*a-**ee** re-**mon**-tes*

When does the ski shop open?
¿Cuándo abre la tienda de esquí?
*koo-**au**-do **a**-bre la tee-**en**-da de skee*

Winter sports

Can I hire some ...?
¿Puedo alquilar ...?
pwe-do al-kee-lar

... skates, skis, ski boots
... patines, esquís, botas
... *pa-tee-nes, e-skees, bo-tas*

... skiing equipment
... equipo de esquí
... *e-kee-po day e-skee*

Can I take lessons here?
¿Puedo apuntarme a clases aquí?
pwe-do a-poon-tar-may a kla-says a-kee

Where is the most difficult run?
¿Dónde está la pista más difícil?
don-day es-ta la pees-ta mas dee-fee-ceel

At what time can we ski?
¿A qué hora podemos esquiar?
a kay o-ra po-de-mos es-kee-ar

Is there a risk of avalanches?
¿Hay riesgo de avalanchas?
a-ee ree-es-go de a-ba-lan-chas

BEERS

Do you have ... beer?
¿Tienen cerveza ...?
*Tee-**e**-nen thair-**be**-tha*

I'd like a (local) beer, please
Quisiera una cerveza (local), por favor
*kee-see-**e**-ra **oo**-na thair-**be**-tha (lo-**kal**), por fa-**bor***

I'd like to try a glass ...
Quisiera probar un vaso ...
*kee-see-**e**-ra pro-**bar** oon **ba**-so ...*

... of imported, draught
... de importación, de grifo
*... day eem-por-ta-**thyon**, day **gree**-fo,*

... light, dark
...de claro, oscuro
*... day **kla**-ro, os-**koo**-ro*

... bottled beer, cider
... de cerveza embotellada, sidra
*... day thair-**bay**-tha em-bo-te-**ya**-da, **see**-dra*

alcohol-free, low-alcohol
sin alcohol, con poco alcohol
*seen al-**kol**, kon **po**-ko al-**kol***

215

WINES

Please bring me the wine list
La lista de vinos, por favor
*la **lees**-ta day **bee**-nos, por fa-**bor***

Are there any local specialities?
¿Hay alguna especialidad local?
*a-**ee** al-**goo**-na es-peth-ya-lee-**dad** lo-**kal***

I'd like a (half bottle) of ...
Quisiera (media botella) de ...
*kee-see-**e**-ra **me**-dee-a bo-**te**-ya ...*

... glass, bottle ...
... vaso, botella ...
*... **ba**-so, bo-**te**-ya ...*

... 'house wine'
... vino de la casa
*... **bee**-no day la **ka**-sa*

... red, white, rosé
... tinto, blanco, rosado
*... **teen**-to, **blan**-ko, ro-**sa**-do*

... dry, sweet, sparkling
... seco, dulce, con burbujas
*... **say**-ko, **dool**-the, kon boor-**boo**-has*

APERITIFS AND SPIRITS

anis, brandy
anís, cognac (aguardiente)
*a-**nees**, con-**yak** (a-gwar-deen-**en**-tay)*

sparkling white wine, gin
champán, ginebra
*cham-**pan**, hee-**ne**-bra*

sangria, sherry, vermouth
sangría, jerez, vermut
*san-**gree**-a, he-**reth**, bair-**moot***

(apple) kiwi liqueur
licor de (manzana) kiwi
*lee-**kor** day (man-**tha**-na) **kee**-gwee*

rum, vodka, whisky
ron, vodka, whisky
*ron, **vod**-ka, **wee**-skee*

pacharan (a type of sloe gin)
pacharán
*pa-cha-**ran***

neat, with ice, with lemon
solo, con hielo, con limón
so**-lo, kon, ee-**e**-lo, kon lee-**mon

217

OTHER DRINKS

agua mineral
a-gwa mee-ne-ral
mineral water

aguardiente ...
a-gwar-dee-en-tay
brandy ...

... (de cerezas)
(day the-ray-thas)
... (cherry) brandy

... de manzanas
day man-tha-nas
apple brandy

anís
a-nees
anis

batido
ba-tee-do
milk shake

café ...
ka-fay ...
coffee ...

... americano
ka-fay a-me-ree-ka-no
large black coffee

... capuchino
ka-poo-chee-no
cappuccino

... con leche
kon le-chay
white coffee

... con hielo
ka-fay kon ye-lo
iced coffee

... cortado
kor-ta-do
almost-black coffee

... descafeinado
des-ka-fe-ee-na-do
decaffeinated

... instantáneo
een-stan-ta-nay-o
instant coffee

OTHER DRINKS

... irlandes
*ka-**fay** eer-lan-**des***
Irish coffee

... solo
*ka-**fay** **so**-lo*
black, expresso

cava
ka-ba
sparkling wine

cerveza ...
*thair-**bay**-tha*
beer ...

... (embotellada)
*em-bo-te-**ya**-da*
... (bottled) beer

... (enlatada)
*en-la-**ta**-da*
... (canned) beer

... negra
***ne**-gra*
... (stout)

champán
*cham-**pan***
champagne

chocolate
*cho-co-**la**-te*
chocolate

horchata
*or-**cha**-ta*
tiger nut milk

licor
*lee-**kor***
liqueur

limonada
*lee-mo-**na**-da*
lemonade

naranjada
*na-ran-**ha**-da*
orange drink

oporto
o-por-to
port

OTHER DRINKS

sangría
*san-**gree**-a*
fruit cup with wine

sidra
***see**-dra*
cider

soda
***so**-da*
soda

té
tay
tea

té con leche
*tay kon **le**-chay*
tea with milk

té con limón
*tay kon lee-**mon***
lemon tea

tónica
***to**-nee-ka*
tonic water

vermut
*bair-**moot***
vermouth

vino ...
***bee**-no ...*
wine ...

... blanco, tinto
*... **blan**-co, **teen**-to*
... white, red

... rosado, dulce
*... ro-**sa**-do, **dool**-they*
... rosé, sweet

... seco, de mesa
*... **se**-ko, de **me**-sa*
... dry, table wine

zumo
***thoo**-mo*
juice

zumo de fruta
***thoo**-mo de **froo**-ta*
fruit juice

THE WEATHER

The weather is good / bad
Hace buen / mal tiempo
*a-the boo-**en** / mal tee-**em**-po*

What is the temperature?
¿Qué temperatura hay?
*kay tem-pe-ra-**too**-ra a-ee*

Is it going to get warmer?
¿Va a haier más calor?
*ba a a-**ther** mas ka-**lor***

Is it going to stay like this?
¿Va a estar así?
*ba a es-**tar** a-**see***

It is far (too hot) ...
Hace (demasiado calor) ...
*a-the de-ma-see-**a**-do ka-**lor***

... too cold
... demasiado frío
*... de-ma-see-**a**-do **free**-o*

... foggy, rainy, windy
... nublado, lluvioso, viento
*... noo-**bla**-do, yoo-bee-**o**-so, bee-**en**-to*

GOING TO CHURCH

I would like to see a priest
Quisiera ver a un cura
*kee-see-**e**-ra ber a oon **koo**-ra*

... a minister
... un ministro
*... oon mee-**nees**-tro*

... a rabbi
... un rabíno
*... oon ra-**bee**-no*

Where is the? ... Catholic church
¿Dónde hay una? ... iglesia Católica
***don**-de a-ee **oo**-na ... ee-**gle**-see-a ka-**to**-lee-ka*

... Baptist church
... iglesia Bautista
*... ee-**gle**-see-a ba-oo-**tees**-ta*

... mosque, synagogue
... mezquita, sinagoga
*... meth-kee-ta, see-na-**go**-ga*

... Protestant church
... iglesia Protestante
*... ee-**gle**-see-a pro-tes-**tan**-te*

SHOPPING

Where can I buy ...?
¿Dónde puedo comprar ...?
don**-de poo-**e**-do kom-**prar ...

... clothes
... ropa
... ***ro**-pa*

... cassette tapes and compact discs
... cintas y discos compactos
... ***theen**-tas ee **dees**-kos kom-**pac**-tos*

... camcorder tapes
... cintas para la cámara de vídeo
... ***ceen**-tas **pa**-ra la **ka**-ma-ra de **bee**-de-o*

Where can I get ...?
¿Dónde puedo ...?
***don**-de poo-**e**-do*

... my ...... repaired
... reparar mi ...
... *re-pa-**rar** mee* ...

Where is the children's department?
¿Dónde está el departamento de niños?
***don**-de es-**ta** el de-par-ta-**men**-to de **nee**-nyos*

SHOPPING

How much is this?
¿Cuánto es esto?
*koo-**an**-to es **es**-to*

Have you got anything cheaper?
¿Tiene algo más barato?
*tee-**e**-ne **al**-go mas ba-**ra**-to*

How much does it cost?
¿Cuándo cuesta?
*koo-**an**-to koo-**es**-ta*

How much is it ... per kilo?
¿Cuándo es ... por kilo?
*koo-**an**-to es ... por **kee**-lo*

... per metre
... por metro
*... por **me**-tro*

I (don't) like this one
(no) me gusta este
*(no) me **goos**-ta **es**-te*

I will take this one
Me llevaré este
*me ye-ba-**re es**-te*

SHOPPING

No, the other one
No, el otro
*no, el **o**-tro*

Can I have a carrier bag?
¿Me puede dar una bolsa?
*me poo-**e**-de dar **oo**-na **bol**-sa*

Can you deliver it to my hotel?
¿Me lo puede enviar al hotel?
*me lo poo-**e**-de en-bee-**ar** al o-**tel***

I do not have enough money
No llevo suficiente dinero
*no **ye**-bo soo-fee-cee-**en**-te dee-**ne**-ro*

Please pack it for shipment
Por favor, envuelbalo para enviarlo
*por fa-**bor** en-boo-**el**-ba-lo **pa**-ra en-bee-**ar**-lo*

Will you send it by airfreight?
¿Me lo enviará por avión?
*me lo en-bee-a-**ra** por a-bee-**on***

Please wrap it for me
Por favor me lo envuelve
*por fa-**bor** me lo en-boo-**el**-be*

Buying food

Please can I have ...?
¿Por favor puede darme?
*por fa-**bor** poo-**e**-de **dar**-me*

... some sugar
... azucar
... *a-**thoo**-kar*

... 250 grammes of coffee
... doscientos cincuenta gramos de café
... *dos-thee-**en**-tos theen-koo-**en**-ta **gra**-mos de ca-**fe***

... a kilo of sausages
... un kilo de salchichas
... *oon **kee**-lo de sal-**chee**-chas*

... a leg of lamb
... una pierna de cordero
... ***oo**-na pee-**er**-na de kor-**de**-ro*

... a litre of milk
... un litro de leche
... *oon **lee**-tro de **le**-che*

... half a dozen eggs
... media docena de huevos
... ***me**-dee-a do-**the**-na de oo-**e**-bos*

GROCERIES

baby food
papilla
*pa-**pee**-ya*

biscuits
galletas
*ga-**ye**-tas*

bread (brown)
pan (integral)
*pan (een-te-**gral**)*

butter
mantequilla
*man-te-**kee**-ya*

cheese
queso
***ke**-so*

coffee, cream
café, nata
*ka-**fe**, **na**-ta*

eggs
huevos
*oo-**e**-bos*

flour
harina
*a-**ree**-na*

fruit
frutas
***froo**-tas*

groceries
comestibles
*ko-mes-**tee**-bles*

herbs
hierbas
*ee-**er**-bas*

jam
mermelada
*mair-me-**la**-da*

margarine
margarina
*mar-ga-**ree**-na*

milk
leche
le-che

GROCERIES

muesli
muesli
mus-lee-e

mustard
mostaza
mos-ta-thay

oil
aceite
a-thay-ee-tay

olives
aceitunas
a-thay-too-nas

pasta
pasta
pa-sta

pepper
pimienta
pee-mee-en-ta

rice
arroz
a-roth

salt
sal
sal

soup
sopa
so-pa

sugar
azúcar
a-thoo-kar

tea
té
tey

vegetables
verduras
bair-doo-ras

vinegar
vinagre
bee-na-gray

yoghurt
yogur
yo-goor

MEAT, POULTRY AND FISH

bacon
tocino
to-cee-no

beef
carne de vaca
kar-ne de ba-ka

chicken
pollo
po-yo

clams
almejas
al-may-has

cod
bacalao
ba-ka-la-o

duck
pato
pa-to

eel
anguilas
an-gi-las

fish
pescados
pes-ka-dos

hake (small)
pescadilla
pes-ka-dee-ya

ham
jamón
ha-mon

herring
arenques
a-ren-kes

kidneys
riñones
ree-nyo-nes

lamb
cordero
kor-de-ro

liver
hígado
ee-ga-do

MEAT, POULTRY AND FISH

lobster
langosta
*lan-**go**-sta*

meat
carne
***kar**-nay*

mussels
mejillones
*me-hee-**yo**-nes*

oysters
ostras
***o**-stras*

pork
cerdo
***ther**-do*

salmon
salmón
*sal-**mon***

sausages
salchichas
*sal-**chee**-chas*

squid
calamares
*ka-la-**ma**-res*

sole
lenguado
*len-goo-**a**-do*

trout
trucha
***troo**-cha*

tuna
atún
*a-**toon***

turkey
pavo
***pa**-bo*

veal
ternera
*ter-**ne**-ra*

whitebait
boquerones
*bo-ke-**ro**-nes*

AT THE NEWSAGENT'S

Do you sell ... English newspapers?
¿Vende ... periódicos ingleses?
***ben**-de ... pe-ree-**o**-dee-kos een-**gle**-ses*

... English books (paperbacks)
... libros (de bolsillos) ingleses
... ***lee**-bros (de bol-**see**-ee-yos) een-**gle**-ses*

... postcards, drawing paper
... tarjetas postales, papel de dibujo
... *tar-**he**-tas pos-**ta**-les, pa-**pel** de dee-**boo**-ho*

... coloured pencils
... lápices de colores
... *la-pee-ces de ko-lo-res*

... street maps
... callejeros
... *ka-ye-**he**-ros*

... adhesive tape, envelopes
... cinta adesiva, sobres
... ***theen**-ta a-de-**see**-ba, **so**-bres*

... postage stamps, some ink
... sellos, tinta
... ***se**-yos, **teen**-ta*

THE SEASONS

spring
primavera
*pree-ma-**bair**-a*

summer
verano
*be-**ra**-no*

autumn
otono
*o-**ton**-yo*

winter
invierno
*een-**byair**-no*

FRACTIONS AND PERCENTAGES

three-quarters
tres cuartas
*tres **kwar**-yas*

two-thirds
dos tercios
*dos **tair**-thee-os*

a half
medio
***me**-dee-o*

a quarter
un cuarto
*oon **kwar**-yo*

50%
cincuenta por ciento
*theen-koo-**en**-ta por **thee**-en-to*

25%
veinticinco por ciento
*be-een-tee-theen-co por **thee**-en-to*

10%
diez por ciento
*dee-eth por **thee**-en-to*

Common adjectives (English to Spanish)

bad
malo
ma-lo

beautiful
hermoso
air-mo-so

better
mejor
me-hor

big
grande
gran-day

cheap
barato
ba-ra-to

cold
frío
free-o

expensive
caro
ka-ro

difficult
difícil
dee-fee-theel

early
pronto
pron-to

easy
fácil
fa-theel

empty
vacío
ba-thee-o

far
lejos
le-hos

fast
rápido
ra-pee-do

free
gratis
gra-tees

COMMON ADJECTIVES (ENGLISH TO SPANISH)

full
lledo
ye-no

good
bueno
bway-no

heavy
pesado
pe-sa-do

high
caliente
ka-lee-en-tay

hot
calienta
ka-lee-en-te

late
tarde
tar-de

last
anterior
an-te-ree-or

left
dejado
de-ha-do

light
claro
kla-ro

little
poco
po-ko

long
largo
lar-go

near
cerca
ther-ka

new
nuevo
nway-bo

next
próximo
prock-see-mo

COMMON ADJECTIVES (ENGLISH TO SPANISH)

occupied
ocupado
*o-koo-**pa**-do*

old
viejo
*bee-**ay**-ho*

open
abierto
a-bee-er-to

quick
rápido
***ra**-pee-do*

right
correcto
*ko-**rek**-to*

short
corto
***kor**-to*

shut
cerrado
*the-**ra**-do*

slow
lento
***len**-to*

small
pequeño
*pe-**ken**-yo*

tall
alto
***al**-to*

ugly
feo
***fay**-o*

worse
peor
*pe-**or***

wrong
mal
mal

young
joven
***ho**-ben*

SIGNS AND NOTICES

abierto
open
*a-bee-**air**-to*

agua potable
drinking water
***a**-gwa po-**ta**-blay*

caballeros
gentlemen
*ka-ba-**yair**-os*

cerrado
closed
*the-**ra**-do*

empujar
push
*em-poo-**har***

entrada
entrance
*en-**tra**-da*

libre
vacant
***lee**-bray*

no entrar
no entry
*no en-**trar***

no tocar
do not touch
*no to-**kar***

ocupado
occupied
*o-koo-**pa**-do*

peligro
danger
*pe-**lee**-gro*

prohibido fumar
no smoking
*pro-ee-**bee**-do foo-**ma***

salida
exit
*sa-**lee**-da*

señoras
ladies
*sen-**yo**-ras*

WHERE TO FIND

Know before you go

Phonetics and pronunciation	5
Days and dates	6
Calendar dates	8
Other numbers	11
Public holidays	12
Be polite!	14
Time	16
Greetings and introductions	19
How much and how to pay	22
Counting your money	25
Making it clear	26
Using the phone	28
Spell it out	33

Travel

At the airport	34
Going by boat	38
Car breakdowns	41
Car parts	44
Road signs	58
Car hire	60
Catching a bus	64
Going by taxi	69
Underground – the Metro	72

Where to find

Customs and passports	74
Finding your way	77
Maps and guides	80
Metric equivalents	82
Petrol stations / garages	83
Going by rail	85
Sightseeing	90
Travel agents	96
Trips and excursions	98

Accommodation

Where to stay	101
Your room – booking in	102
Booking in advance	106
Camping	107
Needs and problems in the room	111
Reception / porter / concierge	114
Childcare	117
Room service	119
Self-catering	120
Around the house	122
Checking out	124

Banking and Shopping

Changing money	125
At the chemist's	127
Toiletries	129

Cleaning clothes	132
Buying clothes	135
Garments	137
Clothes sizes	141
Colours	142
Gifts and souvenirs	143
At the hairdresser's	145
Photography	149
Photographic terms	153
Post it!	156

Emergencies

Accidents and injuries	158
At the dentist's	161
At the doctor's	163
In hospital	167
Parts of the body	168
Loss and theft	171

Food and Entertainment

Eating out – fast food	172
In the restaurant	175
Menus	176
Ways of cooking	179
Soups and appetisers	180
Pasta, eggs, rice and sauces	183
Fish and seafood	185

Where to find

Meat, poultry and game	188
Vegetables, salad, and herbs	193
Desserts, fruit and cheese	196
Nightlife	202
Smokers' needs	204
Beaches	206
Beach signs	208
Playing sports	209
Watching sports	210
Water sports	212
Winter sports	213
Beers	215
Wines	216
Aperitifs and spirits	217
Other drinks	218
The weather	221
Going to church	222
Shopping	223
Buying food	226
Groceries	227
Meat, poultry and fish	229

Further information

At the newsagent's	231
The seasons / Fractions and percentages	232
Common adjectives	233
Signs and notices	236